L'ORGASME, ON S'EN FOUT

REMERCIEMENTS :

À ma mère et son sens de la liberté,
à Ulysse et Lucie, mes enfants,
à Marco Cherqui,
Constance de Médina, Bettina Rheims, Laurent
Abitbol, Olivier Diaz, Bertrand C, Christel D, Hervé V,
Serge Bramly, Marine Bramly, Catherine Deydier, Tonie
Marshall, François Olivennes, Annie Amsellem, Agnès
Giard, Maxine Lerret, Patrick Rémy, Arnault Tran,
Fanette Duclair, Julie Boukobza, Claude Vittiglio, Saskia
Farber, Wendy Delorme, Aurélie Galois, Frédéric Rieu-
nier, Béatrice Baumié, Gilles Verlant, Jean-Louis, Flo
Maeght.
Merci à tous ceux qui ont eu la gentillesse de nous
accorder des interviews : Diane Von Furstenberg, Josiane
Balasko, Macha Méryl, Dr Sylvain Mimoun, Dr Wayn-
berg, Dr Guillard, Philippe Sollers, Olivier Bomsel,
Georges Molinier, Erika Lust, Michel Perret, Christophe
Fillâtre, Dian Hanson, Franck Spengler, Rosemonde
Pujol, Sylvie Fabregon, Frédéric Monneyron, William X,
ainsi que tous ceux qui nous ont laissé pénétrer dans la
sphère de leur intimité.
Et...

Sophie Bramly
Avec la collaboration de Béatrice Baumié
et Aurélie Galois

L'ORGASME, ON S'EN FOUT

Fetjaine

Photo de couverture : Florence Maeght/So Filles Productions
Photos : Sophie Bramly
intérieurs
© Éditions Fetjaine, 2009
Une marque de La Martinière Groupe
www.fetjaine.com
ISBN 978-2-35425-122-2

IL N'Y A PAS DE HASARD...

À une époque où la représentation de la sexualité est omniprésente et où les médias nous abreuvent d'informations sur la question, quelle nécessité peut-il y avoir à se pencher encore sur ce thème ? Resterait-il des choses à dire que nous ne saurions pas ?

Il nous semble que oui. À l'heure où tout est spectacle, comment l'intime est-il authentiquement mis en scène ? Comment nous, les femmes, nous arrangeons-nous de notre intimité ? À l'heure où notre société demande de la performance dans tous les domaines, comment survit notre libido ? À l'heure où le sexe est partout, qu'en est-il du nôtre ? A-t-on la possibilité de l'apprivoiser à notre rythme et au gré de nos envies ?

En regardant autour de nous des femmes, et en particulier celles de 40, 50 ans, belles et resplendissantes, plus vraiment jeunes mais surtout vraiment inquiètes, force est de constater qu'elles ne semblent pas toujours voir les avantages de leur âge. Et surtout un, énorme, colossal, jouissif : la connaissance de soi, de son corps, de son plaisir. Enfin en théorie, parce que, en pratique, beaucoup de femmes ne connaissent ni leur corps ni leur plaisir, et cela quel que soit leur âge. À une époque où le cinéma, la littérature ou même la télévision nous inondent de sexe mettant en scène la vie chahutée de femmes « libérées », est-il possible que nous, vous, ayons en réalité si peu de plaisir ?

Oui, pour une raison simple : nous sommes abreuvées de mots, d'anecdotes et d'informations sur la vie sexuelle des femmes de fiction (et encore, avec peu, très peu de mots pour en parler) comme nous pourrions l'être sur la vie sexuelle des fourmis si toutefois cela nous intéressait. Grâce ou à cause de cela, nous avons sans doute atteint le stade oral : nous en parlons librement, nous en rajoutons souvent. Mais lorsque nous sommes seules avec nos partenaires, que reste-t-il de nos merveilleux ébats rêvés, imaginés, désirés et surtout racontés ? Parfois bien peu de chose.

Commençons par le commencement : nous. Combien d'entre nous prononcent les mots « vagin » ou « clitoris » ? Combien d'entre nous ont déjà vu leur sexe, l'ont déjà regardé dans un miroir ? Aux dires des gynécologues, très peu.

Nous avons pourtant progressé à une vitesse phénoménale. Les femmes décrites par Simone de Beauvoir, dans son *Deuxième Sexe*, souffrant des vies entières de n'avoir rien su de l'arrivée de leurs règles ou ayant développé de graves psychoses de n'avoir pas pu anticiper la douleur lorsque leur hymen se déchire au premier rapport, font partie de générations anciennes, en tout cas dans le monde occidental. Maintenant, on le sait, et c'est mieux qu'avant. Mais de notre sexualité à proprement parler, nous ne savons que très peu, faute d'une transmission par les générations antérieures. Nous sommes, pour ainsi dire, sans cesse contraintes de créer chaque matin notre propre histoire.

Nos mères – plus ou moins libérées par 68 ou désespérément coincées – ne nous ont pas nécessairement montré le chemin de l'épanouissement sexuel. Pour les plus libérées, elles ont pensé que c'était une évidence, tandis que les autres, emmurées par les convenances sociales, restaient dans l'impossibilité totale d'en parler. Les deux cas de figure, trop extrêmes, ont rendu floue la notion d'héritage. Pourtant, la transmission est bien l'une des mamelles fondamentales de nos existences.

Si le sexe n'est pas une histoire de famille, la notion d'héritage est bien là, comme ailleurs : la parole, l'échange, la transmission non pas du plaisir mais du goût du plaisir, du respect de la différence. Il faut pouvoir prendre le droit de cultiver son plaisir, n'avoir pas peur de se découvrir, aborder la sexualité avec naturel. En résumé, tourner le dos à notre éducation judéo-chrétienne pour se recentrer sur les fondamentaux qui nous font femmes et hommes sexués.

L'évolution est lente. Le rapport au sexe de nos filles ne sera probablement pas le même que le nôtre, déjà différent de celui de nos mères ; sauf à se laisser berner par la surmédiatisation de notre champ intime : il y aurait danger à croire notre société qui utilise le sexe pour vendre, qui crée le manque et les complexes pour mieux nous donner de fausses solutions à de faux problèmes.

De Simone de Beauvoir et de son *Deuxième Sexe*, nous avons retenu, mis en pratique, appliqué l'idée que, pour exister socialement, il faut avant tout exister économiquement. En à peine plus d'un demi-siècle, nous avons littéralement bouleversé nos vies et celles de nos partenaires. Mais Beauvoir disait qu'une fois l'indépendance économique obtenue, la donne sexuelle serait bouleversée, car notre désir serait enfin libre de s'exprimer. Il me semble bien que nous en sommes à ce point de notre histoire.

Et comme souvent, les bouleversements, les évolutions ne se font ni sans heurts, ni sans erreurs, ni sans tumulte. Nous sommes pour la plupart aujourd'hui en pleine confusion des genres et des sentiments, affichant une réalité faussée à l'extérieur quand, à l'intérieur, au fond, rien n'a suffisamment changé.

C'est la raison qui m'a poussée à créer second-sexe.com, un site culturel et pratique dédié à la sexualité féminine, qui, pour répondre à un ensemble de questions et de besoins que nous avons aujourd'hui, pourrait aborder le sexe en se défiant du spectacle, de la mise en scène des sentiments, et qui situerait la sexualité féminine tout aussi loin de la pudibonderie que de l'outrance. Comme un site mère qui donne à voir mais aussi à comprendre, qui montre différents chemins sans en imposer aucun, qui parle sans détour et sans mots ravageurs.

Petite mise au point importante : ce livre n'est pas celui d'une féministe, mais celui du féminin. Ce n'est pas un combat. Il n'y a rien à gagner mais tout à construire. Ce livre est là pour toutes celles qui ont envie d'avoir envie.

Première partie

LE SEXE INTIME

1

LA NOUVELLE DONNE SEXUELLE

« La sexualité des Françaises est plus épanouie que jamais. » Les chiffres parlent à notre place, les médias s'époumonent sur le sujet. C'est indéniable, nous avons franchi un sacré cap, si nous comparons notre vie intime à celle de nos grands-mères. Pourtant, à lire enquêtes et articles, une perplexité nous gagne : notre vie sexuelle ressemble-t-elle réellement à ce qui semble être la norme ?

Déculpabilisées et décoincées

Cela ne signifie nullement que les uns ou les autres manipulent chiffres et informations, mais peut-être tout simplement qu'il existe aussi des histoires individuelles qui, cumulées, ouvrent la voie d'une autre réalité. Dès l'ouverture de SecondSexe.com, les témoignages ont afflué, les questions se sont bousculées. Nous avons porté une attention toute particulière à celles qui nous faisaient part de déconvenues, déceptions et manques. Celles qui, comme Rebecca, ne se reconnaissent pas dans ce qu'elles lisent ou entendent.

Je sais que les hommes aiment ça, mais, je suis désolée, moi, je ne peux pas... Et ça m'a beaucoup rassurée d'apprendre que je n'étais pas la seule. En lisant les journaux, *j'étais persuadée d'être totalement anormale.* On a l'impression que toutes les femmes sont des actrices de films pornos, qu'elles savent emmener les hommes au nirvana en moins de temps qu'il ne faut pour le dire. Les témoignages qu'on peut lire nous expliquent ce qu'il faut savoir faire, comment se préparer pendant des heures pour être au top sexuellement, les jouets, les trucs comme ça... Ce n'est pas mon monde à moi... Même si au fond, sans doute, j'aimerais bien aimer ça...

Pas simple en effet de se retrouver dans les témoignages des magazines, souvent choisis pour leurs propos extrêmes, dans une logique éditoriale. Il s'agit soit de femmes frigides, soit de femmes très épanouies, ou qui prétendent l'être, mais ce sont avant tout des histoires assez spectaculaires pour mériter d'être reportées à toutes. La réalité est plus nuancée. Nous avons ainsi reçu les confidences de nombreuses femmes qui sont encore dans la recherche et le questionnement. Comme Corinne, qui était persuadée d'avoir une sexualité parfaitement à sa mesure, jusqu'au jour où elle a eu une aventure qui lui a ouvert de nouveaux horizons.

Lorsque je me suis séparée du père de mes enfants, j'ai eu une aventure avec quelqu'un que je connaissais depuis longtemps. Nous étions déjà amants depuis un moment, puis un jour, il m'a envoyé un texto qui ne ressemblait pas du tout aux précédents. Un texto très chaud, très, très chaud, même. C'est quelqu'un de très bourgeois, très à cheval sur la bienséance et les bonnes manières. Cela m'a totalement déstabilisée, et pourtant, je n'étais pas particulièrement coincée. J'avais même plutôt l'impression d'être quelqu'un de très ouvert sur le sujet... Mais que ce texto-là vienne de quelqu'un comme lui, je ne m'y attendais pas du tout. Il m'a fallu toute une journée pour arriver à lui répondre. Et c'est à ce moment-là que je me suis dit que ma sexualité n'était peut-être pas aussi libérée que je le croyais, et surtout, qu'il y avait peut-être de nouvelles voies à explorer.

La plupart des témoignages que nous recueillons convergent vers une sorte d'appréhension qui aboutit à une attitude de retenue quant aux choses du sexe. Ces femmes *n'osent pas* faire, elles *n'osent pas* même imaginer certaines choses. Or, derrière ce verbe *oser,* derrière cette audace qu'elles n'ont pas (encore), il y a en filigrane le meilleur moteur qui soit : la tentation.

Bon nombre d'entre nous aimeraient franchir ce monde qui sépare l'envie, la tentation et l'action. Peu y parviennent. C'est le signe que notre sexualité à nous, qui ne sommes ni prudes ni nymphomanes, qui sommes libérées sur parole, mais pas tant que ça dans les faits, mérite une attention toute particulière. Nous n'avons pas toutes la chance de voir notre sexualité bousculée, comme celle de Corinne ; mais comme Rebecca, nous aurions assez envie d'avoir envie. Avec cette envie, tout est permis, y compris l'espoir d'un changement.

Du paléolithique au féminisme

Pour comprendre où nous en sommes de notre rapport au sexe, un bref rappel du chemin parcouru en à peine plus d'un demi-siècle n'est pas superflu.

Tout commence en 1949, une date hautement symbolique.

Simone de Beauvoir publie cette année-là *Le Deuxième Sexe*. En exergue de son livre, qui deviendra la référence mondiale du féminisme, Simone de Beauvoir cite Pythagore : « Il y a un principe bon qui a créé l'ordre, la lumière et l'homme, et un principe mauvais qui a créé le chaos, les ténèbres et la femme. »

C'est d'une violence folle. Pourtant Pythagore est philosophe, mathématicien, astronome et plus encore, admiré pour son savoir, son esprit, sa sagesse. Il fut aussi le premier, et ce n'est pas un détail, à accueillir au sein de la communauté pythagoricienne, 500 ans avant J.-C., les étrangers et... les femmes. Mais le masculin « bon » opposé au féminin « mauvais » est un principe de base qui a stigmatisé les femmes pendant des siècles ; exception faite des mères, raison pour laquelle Beauvoir refuse de définir la femme par la maternité. On le lui a assez reproché. Remercions-la de nous avoir sorties des ténèbres.

Il faut en fait remonter beaucoup plus loin pour trouver un temps béni où l'homme et la femme étaient égaux, jusqu'à l'ère paléolithique précisément. Il semblerait qu'en ces temps très reculés hommes et femmes aient eu un rapport égalitaire. Mais tout est question d'interprétation, en anthropologie comme ailleurs. L'unique certitude est la suivante : l'homme chassait, la femme cueillait. Ils étaient donc parfaitement complémentaires, tous deux nécessaires à la survie de l'espèce. Le troc qui existait naturellement autour de la nourriture installait donc une sorte de respect mutuel et d'égalité. L'avis des anthropologues est néanmoins partagé. « En règle générale, dit Élisabeth Badinter dans *L'Un est l'autre*, la complémentarité a davantage été pensée en termes de hiérarchie et de domination qu'en termes d'égalité et de symétrie. » Pourtant, depuis quelques années, cette vision des choses est remise en cause, et nombreux sont les anthropologues qui font de l'impératif de l'équilibre alimentaire la raison d'une relation égale entre hommes et femmes. Si cette interprétation est la bonne, il s'agit là d'une véritable révélation, qui signifie tout simplement qu'il fut un temps où la femme n'était pas soumise à l'homme. Comme il s'agit d'un temps premier de l'humanité, nous pouvons en conclure que « liberté et égalité » ont été en accord dès la naissance et préexistaient à la domination masculine. S'il nous a fallu le rappeler dans une déclaration des milliers d'années plus tard, c'est que les choses ne sont pas restées ainsi.

Lorsqu'au néolithique, soit environ entre 9 000 et 4 000 avant J.-C., l'homme s'est sédentarisé, il a également annexé le champ d'activité de la femme, puisque, avec le soc et la charrue, s'impose la nécessité d'une force physique dont la femme est dépourvue. En s'appropriant le territoire de l'autre, il modifie le statut de la femme, qui devient en conséquence dépendante, muse ou soumise, et plus souvent

17

soumise que muse. Ses seules monnaies d'échange sont devenues son corps ou ses services. C'est en perdant l'égalité qu'elle a perdu la liberté, et non l'inverse. L'histoire de la sexualité s'est donc faite depuis quarante mille ans d'une seule voix. Puis en quelque cinquante ans, une nouvelle donne s'est imposée, bouleversant littéralement l'ordre établi. L'exploit est remarquable, mais tout ne saurait être résolu en un laps de temps si court.

La femme libre n'a pas 50 ans

Bien avant les remous de 1968, Simone de Beauvoir lance donc un pavé dans la mare gelée de la sexualité féminine. À son époque, sans autre perspective d'avenir qu'un fil à linge bardé de langes, notre sexe est bel et bien faible. Surtout aux yeux d'une intellectuelle. Dans son livre, elle dénonce cette normalisation du désir masculin qui a transformé la femme en objet façonné pour le satisfaire. Ce faisant, la guerre des sexes est déclarée.

Une génération de féministes virent ainsi en Simone de Beauvoir l'icône de la liberté et s'employèrent à sa suite à libérer les femmes de la domination masculine. Ces femmes avaient des revendications : vivre dans l'indépendance des hommes, être autonomes financièrement et donc socialement, conquérir leurs positions ou simplement rester critiques. Mais un effet pervers de cette révolution ne va pas tarder à se faire jour. En 1971, au plus fort du bouleversement des mœurs, le MLF publie un texte intitulé

Votre révolution sexuelle n'est pas la nôtre : attention, préviennent les féministes, l'amour libre est un ultime outil de domination, la meilleure idée que les hommes aient trouvée pour pouvoir jouir de nous sans entraves...

Est-ce un retour à la case départ ? Non, car cet avis n'était pas partagé par toutes les femmes, mais aussi parce que ces années-là virent naître des lois fondamentales pour la libéralisation des femmes.

13 juillet 1965 : les femmes gagnent enfin leur autonomie financière et ont enfin le droit de disposer d'un compte bancaire à leur nom afin de dépenser librement l'argent qu'elles gagnent.

1967 : la pilule est autorisée en France.

1975 : la loi Veil légalise l'avortement.

Ces dates sont plus que troublantes, autant par leur proximité (nous pouvons signer un chèque ou aller à la banque sans notre mari ou notre père depuis seulement deux générations !) que par les répercussions capitales sur nos vies. Un héritage que nous prenons pour un acquis presque naturel, en oubliant souvent combien tout était différent « avant ».

Gare au sexisme inversé

Toutefois, comme dans toutes les révolutions, certaines femmes sont sans doute allées trop loin. En prenant des postures de guerrières, en jouant les amazones, elles ont – consciemment ou inconsciemment, laissons-leur le bénéfice du doute – conquis leur liberté aux dépens de celle des hommes.

Aujourd'hui encore on les entend qui systématiquement attaquent, frustrent ou dénigrent les hommes,
tous les hommes sans exception. Si leur violence a
pu bousculer les choses, leur liberté s'est attachée à
celle de leur corps, de leur biologie, participant d'une
conception très dérangeante de dualisme opposi-
tionnel qui induit une nouvelle hiérarchie des sexes.
Beauvoir nous a aidées à sortir des archétypes bornés
de la féminité, et comme le dit Élisabeth Badinter
dans *Fausse Route*, a « sanctionné le primat de la
culture sur la nature » ; alors attention à cette valori-
sation de la nature féminine qui risque de reconstruire
la prison des genres. « Il n'y a pas une masculinité
universelle, mais de multiples masculinités, comme
il existe de multiples féminités. Les catégories binaires
sont dangereuses parce qu'elles effacent la complexité
du réel au profit de schémas simplistes et contrai-
gnants. » Ne confondons pas évolution et revanche,
différence et ostracisme. La démocratie sexuelle ne se
gagnera pas dans la condamnation du sexe masculin,
ni dans la réduction de la sexualité féminine à un
sanctuaire monolithique.

Libre = libérée ?

Le vrai progrès, ce fut pour Badinter et d'autres
observateurs le droit à la contraception et à l'avortement. La révolution sociale, celle qui émancipa léga-
lement les femmes, fut en effet intimement liée à la
révolution scientifique qui, au même moment, leur
permit de faire l'amour sans procréer ou de refuser

une grossesse. La révolution des mœurs pouvait enfin avoir lieu...

Les apparences sont donc sauves. Même en réalité, il y a un mieux certain. Des tabous sont tombés et nous avons accès à la connaissance théorique et pratique de notre corps. Nous maîtrisons normalement toutes le b.a.-ba et savons ce que nous avons en commun : des règles douze fois par an en moyenne, un vagin, un hymen, un clitoris. En réalité, c'est un strict minimum qui limite les champs de possibles psychoses. Mais de là à dire que nous sommes toutes à même d'exprimer notre désir sexuel, il y a un monde ! Et surtout, pour beaucoup d'entre nous, une limite que nous ne parvenons pas à franchir.

Pourquoi ?

Notre sentiment est le suivant : si notre émancipation a été remarquablement gérée par les générations précédentes, elle a été principalement axée sur l'aspect social de notre existence, en redéfinissant la place et le rôle des femmes dans la société. Ainsi, aujourd'hui, nous pouvons plus ou moins accéder aux mêmes postes que les hommes (pas vraiment, et pas avec le même salaire), avoir les mêmes responsabilités. En couple, nous participons activement aux décisions, nous les imposons même parfois à nos partenaires. À cette avancée bénéfique et espérons-le irréversible, d'autres doivent suivre, et en particulier celle de l'intime. Il nous faut encore comprendre et apprivoiser ces désirs et plaisirs si complexes et diffus qu'ils sont difficiles à exprimer, et donc, à atteindre. Car sans forcément être dans un rapport de soumission, nous ne savons pas toujours parler de notre désir aussi clairement que les hommes. Concrètement, l'homme dira bien plus facilement dans quelle humeur sexuelle il se trouve.

Qu'en 2008 des femmes puissent encore dire qu'elles ont « fait la chose » ou qu'elles soient dans l'impossibilité d'appeler par leurs noms leurs différentes parties génitales, c'est le signe d'un manquement. Qu'elles ne s'autorisent pas à demander à leurs partenaires des préliminaires plus longs ou à mentionner l'existence de leur clitoris, et donc qu'elles acceptent une sexualité à sens unique et insatisfaisante, c'est un constat d'échec.

Que seules 18 % d'entre nous se masturbent au moins une fois dans l'année (et encore, sur le tard), à en croire le rapport de l'INSERM paru en 2008, cela prouve que la sexualité a beau être un sujet favori des médias, largement présente dans notre quotidien, elle n'est pas une contrée si familière.

Une affaire trop vite classée

Dans les années 70, certaines militantes de notre révolution ont expérimenté l'amour libre, se sont données, ont pris, ont fait l'amour de manière insatiable, loin des carcans. Elles ont aussi connu tous les excès, à la faveur de nouvelles découvertes, d'explorations inédites qui répondaient dans leur outrance au joug sous lequel depuis si longtemps nous nourrissions nos frustrations.

Fatalement étourdies par cette frénésie, peut-être pas toujours aussi épanouissante qu'on l'a cru, nous avons conclu que tout avait été dit, tout avait été fait. Comme si cette poignée de têtes brûlées avait libéré sur son passage toute la gent féminine, qui désormais était censée être à tu et à toi avec l'orgasme. En bref, nous avons sauté par-dessus ce trou noir (un continent pour Freud !), qui après les conquêtes sociales et morales a dû sembler minuscule pour bien des femmes. Libres de nos mouvements, bancaires, physiques et intellectuels, nous nous sommes crues libres jusqu'au bout. En vérité, nous le sommes. On nous a retiré notre ceinture de chasteté. Mais savons-nous toutes quoi faire de ce sexe livré à lui-même ?

Certes les progrès sont fantastiques. Mais pourquoi avons-nous l'impression que le tabou pèse encore sur ce sujet ? Que trop de femmes éprouvent encore un manque ?

Une histoire à écrire

Ce manque est partout, jusque dans les rayons des bibliothèques : on peut remonter l'Histoire de toute l'humanité, de toutes les civilisations, mais pas d'histoire de la sexualité féminine en vue. Est-ce à dire qu'elle n'existe pas ?

Pourtant dès la préhistoire, le sexe féminin exerce son pouvoir de fascination. On a retrouvé de très nombreuses statuettes féminines datant de – 30 000 à – 1 000, dont les seins, le ventre, les fesses et le sexe sont surreprésentés par rapport au visage. Hormis ces exceptions, comme l'a souligné le secrétaire perpétuel de l'Académie des beaux-arts Arnaud d'Hauterives, « les premiers nus de l'histoire de l'art sont grecs, et ce sont des hommes ». Il y aura par la suite beaucoup de nus féminins, mais la liberté des artistes étant jusqu'à récemment limitée à la volonté de leurs commanditaires, ils prendront le prétexte de scènes mythologiques ou sacrées pour suggérer leur intimité. Il faut donc attendre le XVIIIe siècle pour voir des femmes profanes se dénuder sur la toile et, comme chez Boucher ou Fragonard, laisser transparaître une sensualité toute libertine. Mais c'est Gustave Courbet qui le premier en 1866 nous donne enfin à voir un sexe de femme offert et abandonné. On pourrait sans doute citer quelques autres exemples, mais on ne peut nier que la représentation de l'intimité de la femme, de ce sexe « rentré », par opposition au sexe « sorti » de l'homme, a posé problème jusqu'à des temps récents.

Du côté des théoriciens, guère plus d'éclaircissements. L'éminent Michel Foucault publia entre 1976 et 1984 une *Histoire de la sexualité* en trois tomes qui fait aujourd'hui référence. Seules 50 de ces brillantes 900 pages sont consacrées à la femme, par opposition aux « garçons », dont le pluriel est moins réducteur. C'est précisément une femme, et une psychanalyste, pas une historienne, qui prendra la peine de consacrer un ouvrage entier à la question de la sexualité féminine : Françoise Dolto, en 1982.

Le terme « tabou » fut importé de Polynésie par James Cook ; par-delà les tropiques, le *tapu* désignait des lieux infréquentables, des mots imprononçables, des objets ou des personnes intouchables. Ce fut à peu près le sort longtemps dévoué à notre sexe. Ainsi, des générations durant, notre histoire fut escamotée, la différenciation de notre sexualité niée. Comment pouvions-nous mettre des mots sur quelque chose qui n'en avait pas ?

L'avant et l'après *Rapport Hite*

En 1976, le fameux *Rapport Hite* expose les résultats d'une longue enquête menée par la sexologue Shere Hite auprès de 3 000 femmes. *Breaking news* : nos missionnaires ne nous font pas tellement jouir, la pénétration obtient un mauvais score comparée à la stimulation clitoridienne. On célèbre une sexualité féminine spécifique, riche, et le pénis en prend pour son grade. Cette enquête est d'une importance capitale parce qu'elle dit des choses fondamentales sur notre sexualité, mais aussi parce qu'il s'agit du premier sondage sur la sexualité après 68... Certes, en 1953, une étude avait donné la parole aux femmes et aux hommes (le rapport Kinsley), mais en dehors des spécialistes, peu de gens en ont pris connaissance. Vingt-trois ans plus tard, et surtout après la révolution sexuelle, chacun attendait du *Rapport Hite* des bouleversements profonds. Si ce ne fut pas vraiment le cas, il amorça tout de même des changements dans les mentalités et des prises de conscience. Le *Rapport Hite* fut de fait une révélation pour beaucoup de femmes complexées de ne jouir que par leur clitoris, et donc frustrées de ne pas jouir du tout lorsque ce dernier n'était pas stimulé pendant le coït.

Mais même frustrées, avaient-elles et ont-elles aujourd'hui la liberté d'exprimer leurs besoins à leurs partenaires ? L'évolution est lente. Comme en psychanalyse, il y a plusieurs phases : la prise de conscience de son aliénation, la libéralisation de la parole et l'acceptation de son désir. Certaines d'entre nous ont franchi toutes les étapes, c'est une très bonne nouvelle, un acquis majeur. Mais quelques-unes d'entre nous, moins conquérantes ou moins confiantes en elles, que certains taxent péjorativement de « bourgeoises coincées », ont toujours des blocages.

Haro sur la libido !

Dans une société de performance comme la nôtre, ne pas oser une sexualité différente, ne pas multiplier les aventures, ne pas jouir souvent ou du tout, ne nous semble guère avouable. Nous devons être bonnes partout et tout le temps, efficace et *successfull* sur tous les plans. Bonne mère, bonne amante, bonne femme d'intérieur, bonne au boulot, nous enchaînons des journées doubles ou triples, avec l'interdit suprême de nous laisser aller et donc de nous montrer autre que détendue, belle et court vêtue ; bref : parfaite. Et nous avons la volonté d'y croire, croire que c'est possible, et nous évertuons à ressembler à ces femmes extraterrestres qu'on nous donne en exemple. En 1987, Michèle Fitoussi nous mettait déjà en garde en clamant : « Ras le bol des super women ! » Mais comme le souligne justement Élisabeth Badinter :

Dans notre société de consommation sexuelle, le corps se doit d'être jeune, performant et excitant. Pour parvenir à cet idéal, il n'est guère de sacrifices – et en particulier les femmes – auxquels on ne consente. Des plus bénignes aux plus douloureuses, ces modifications du corps signifient qu'on l'appréhende comme un objet à modeler en fonction des modes du temps qui passe. Les hommes sont obsédés par leurs performances, les femmes par leur apparence.

Or, dans cette quête, s'il en est un qui est le plus souvent lésé, c'est bien le sexe. Notre libido, qui réclame du lâcher prise, un peu de lenteur ou d'évasion, s'acclimate plutôt mal à notre quotidien en mode de contrôle permanent. Et puisque la sexualité échappe au tangible, au visible, on peut donc bien l'oublier un peu… Sauf que, si on ne la « voit » pas, on « voit » les femmes qui ont une sexualité épanouie. Les autres, usant de métaphores qui nous ramènent tout droit à la cuisine, avoueront rechigner à « mettre le couvert ». On les comprend : « passer à la casserole » ne fait guère envie à quiconque.

Redoutable efficacité

Nadine a presque 60 ans ; elle en paraît à peine plus de 40. Blonde, mince, les yeux verts, toujours habillée avec goût, elle est lumineuse et dégage une énergie extraordinaire. Chef d'entreprise, elle dirige magistralement sa propre société. Elle a tout, sauf une vie sexuelle.

On ne peut pas être bonne partout. Moi je suis excellente dans mon travail, mais je suis nulle au lit. C'est comme ça. Je n'ai jamais aimé ça. J'ai été mariée très jeune avec un homme formidable avec qui j'ai eu un enfant. Nous sommes restés vingt ans ensemble. Nous avons eu très peu de rapports sexuels. Je ne suis pas bonne et ça ne m'amuse pas, donc j'arrête. Soyons efficaces. Si je suis nulle en tennis, je ne vais pas me forcer pendant des heures à essayer de bien jouer, même si ça fait bien de jouer au tennis. Pour le sexe, c'est pareil. Mon mari est parti car ça lui manquait. Moi, ça ne me manque pas du tout. De toute façon, je passe mon temps à travailler. Je sais, tout le monde me dit que je manque quelque chose, que c'est très important d'avoir cet équilibre-là dans sa vie, mais je ne sais pas ce que c'est ! C'est comme les gens qui n'ont jamais fumé ! Ils n'envient pas ceux qui fument...

Nadine s'amuse visiblement à nous répondre. En rajouterait-elle ? Si on lui pose la question de ses parents, de l'exemple qu'elle a eu sous les yeux, elle se braque : « Je ne vois pas ce que mes parents viennent faire dans ma vie sexuelle... » Mais si on lui pose la question de son apparence physique, la réponse est claire :

Il a toujours été pour moi essentiel d'être « bien ». Bien habillée, bien coiffée, bien maquillée. Je suis totalement accro aux fringues. Je passe la plupart de mon temps libre dans les magasins. Pourtant, c'est presque toujours le même genre de vêtements que j'achète. J'ai les mêmes trucs en plein d'exemplaires, comme les hommes !

Pour plaire à qui ?

Mais à moi ! Et aux autres aussi. Être belle est très important dans une vie sociale bien remplie. Ce n'est pas parce que l'on n'a pas de vie sexuelle qu'on a mis une croix sur la séduction. Je pense être une séductrice, mais ça ne m'intéresse pas de conclure ! De toute façon, très honnêtement, les hommes ne tentent rien avec moi. Il faut dire que je dis tellement que je suis nulle au lit que ça ne doit pas les attirer ! J'ai une sexualité un peu adolescente. Ce qui m'intéresse, c'est l'histoire, la séduction, le rêve autour de ça, mais le premier baiser me suffit. Comme le dit l'auteur de *Lady Chatterley*, D. H. Lawrence, dans *Le Serpent à plumes*, « Elle était si passionnée qu'elle s'épuisait dans le premier baiser ». Le boulot, ça vaut largement le sexe. Je vois des femmes de mon âge qui ont une vie médiocre parce qu'elles attendent toujours le prince charmant. Moi je sais que je ne l'ai jamais rencontré. Si j'avais rencontré un homme qui me ressemble, les choses auraient peut-être été différentes.

Et cette façon de consommer ?

Oui, je sais, vous allez me parler de compensation... Je ne me rends pas compte. Puisque je n'ai pas l'impression qu'il me manque quoi que ce soit... Vous pensez que si j'avais une vie sexuelle j'achèterais moins de vêtements ? Peut-être. Je ne me pose pas la question en ces termes.

Il ne nous revient pas de faire une analyse psychologique du cas de Nadine. Nous pouvons simplement reconnaître qu'il peut arriver à toutes et à tous de vivre cet effet compensatoire : une contrariété amoureuse, un échec professionnel et nous nous précipitons dans le premier magasin venu pour nous acheter d'urgence quelque chose. Qui un vêtement, qui des produits de beauté, qui une pile de disques ou de livres, n'importe quoi pour combler le vide, soulager l'angoisse. À l'Université de Pittsburgh, aux États-Unis, une étude a montré qu'une personne triste et/ou préoccupée consommait plus. Notre société se nourrirait ainsi de la dépression et de l'égocentrisme comme moteur de la consommation... Nous voilà insidieusement dans ce piège de la consommation, de la compétition et de la représentation sociale (je veux la vie de l'autre, sa maison, sa voiture, ses vêtements, sa minceur...), qui ne laisse guère de place à l'épanouissement intérieur. Comme Nadine, on finit par s'oublier dans le travail et les apparences, et par assister à la défaite du couple.

Et les hommes dans tout ça ?

Comme celui de Nadine, parfois ils nous trompent, parfois nous quittent. Ils deviennent alors des salauds, et nous, les victimes de leur trahison. Nous qui avons tant sacrifié pour leur réussite professionnelle, pour l'éducation des enfants, nous voilà plaquées ; et souvent pour une jeunette, le coup de grâce ! Mais loin de nous l'idée de victimiser l'une ou l'autre des parties, car une histoire se construit à deux, et chacun porte sa responsabilité dans la réussite ou l'échec du couple. Les témoignages de certains hommes méritent d'être entendus, comme ceux d'Olivier et de Bernard.

Olivier est un artiste de 45 ans, qui vit avec la même femme depuis dix-huit ans. Ils ont deux enfants, de 13 et 16 ans. Depuis une dizaine d'années, il dort sur le canapé du salon.

Lorsque nous avons eu nos enfants, les plus beaux moments de notre vie, j'ai énormément travaillé pour que ma femme puisse les élever elle-même. C'est vrai que je l'ai fait pour eux plus que pour elle. Aujourd'hui ils sont grands et depuis cette année ma femme a repris un travail. Mais je ne sais plus à quand remonte notre dernière nuit ensemble... Ma vie sexuelle ressemble à Casper le fantôme. C'est comme si je n'avais plus de libido. C'est arrivé progressivement. Nous nous sommes d'abord disputés pour tout et n'importe quoi, à longueur de temps. Petit à petit, à force de disputes, l'envie est partie. Il faut dire que je me suis fatigué de faire l'amour... seul. Elle n'y arrivait pas. Au début, elle parvenait avec surprise à ressentir de toutes petites choses. Mais c'était si difficile, ça me demandait tant de disponibilité ; il fallait que je sois tellement concentré sur son plaisir et pas sur le mien qu'au bout d'un moment j'ai abandonné... Elle m'en voulait de tout : de trop travailler, de ne pas être assez présent, de ne pas m'occuper d'elle, de ne plus l'aimer... Peut-être que je ne l'aime plus depuis longtemps. Je ne sais pas. Je ne la désire plus en tout cas. Mais comment faire l'amour à une femme qui vous reproche sans cesse d'être qui vous êtes ? Et qui ne fait jamais en sorte de vous faire plaisir ? Ça m'a coupé l'envie. Pourtant, la sensualité a longtemps été cruciale pour moi. Si on m'avait dit un jour que je mettrais une croix dessus, je ne l'aurais pas cru. Je reste pour les enfants, mais je ne veux pas qu'ils en souffrent, ce qui bien sûr est paradoxal. Une partie de moi-même s'est totalement effacée et malgré cela je n'essaie pas de bouger les choses, comme s'il s'agissait d'une punition. Mais de quoi, par qui... ?

Une « plus jeune que nous » ou « nous en plus jeune » ?

Regardons autour de nous. Il n'est pas rare de voir des hommes, après une rupture ou un divorce, se remettre en couple avec une femme qui ressemble étrangement à la première... en plus jeune. Pour nous c'est le signe de leur superficielle attirance pour la chair fraîche, de leur rejet de notre fatal vieillissement. Nous pourrions aussi y voir le reflet d'une autre réalité : celles qu'ils désiraient et qui les désiraient réciproquement, ces femmes-là ont disparu de leur champ de vision. Peut-être que si nous nous préoccupions un peu plus de notre libido, celle de notre partenaire et la santé de notre couple se porteraient mieux.

Virginia Johnson et William Masters, pionniers de la sexologie, dressaient le même constat dès les années 60 : « Si un couple ne s'entend pas sur le plan physique, il ne s'entendra pas sur le plan moral. »

Bernard en a fait l'expérience. Ce chef d'entreprise, père de trois enfants, a quitté sa femme après quinze ans de mariage.

Cela faisait longtemps que ça n'allait plus entre ma femme et moi. Il fallait travailler, gagner de l'argent, et en plus sortir, voir des amis, s'occuper de nos enfants. Lorsque nous nous couchions le soir, on se retournait chacun de notre côté. J'ai longtemps tenté de l'approcher, mais il y avait toujours quelque chose : mal au ventre, mal à la tête, fatiguée, contrariée par son travail... Cela paraît caricatural, mais c'est comme ça que ça s'est passé. Au bout d'un moment, j'ai arrêté d'essayer. Je n'ai pas eu le sentiment que ça lui manquait. J'ai pensé qu'à partir d'un certain âge il était dans l'ordre des choses que la sexualité se tarisse, comme si c'était une façon de devenir adulte, responsable. Je ne me rendais pas compte que ce silence, cette indifférence nous tuait peu à peu.

Après avoir applaudi la déculpabilisation sexuelle des femmes, nous n'allons pas maintenant les incriminer. Mais essayons de comprendre pourquoi, dans la majorité des cas, c'est la femme qui met fin aux relations sexuelles. Nombre d'entre nous accusent à raison la fatigue. Nous sommes encore loin du partage équitable des tâches domestiques et nous avons trop souvent autant de travail au bureau et à la maison. Si nous devons nous battre, c'est d'abord pour une vraie parité des salaires (Ah !) et pour une plus grande facilité de garde des enfants – mais c'est un autre débat –, qui nous laisseraient une chance de souffler un peu sans sacrifier nos ambitions, et donc le temps, l'énergie, de nous remettre à l'écoute de nos désirs, de nous redonner cette fameuse envie d'avoir envie.

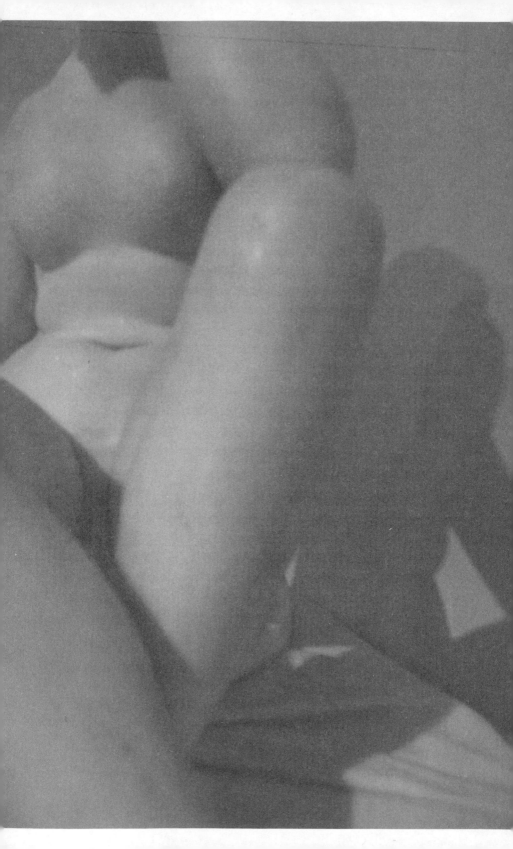

2

L'INJONCTION DE JOUIR

Après avoir été niées dans nos désirs et nos plaisirs pendant des siècles, une nouvelle pression totalement opposée semble peser sur nous : il nous faut désormais jouir à tout prix, avoir des orgasmes plutôt deux fois qu'une et manifester ouvertement son épanouissement. L'allongement de la durée de vie annonce même l'injonction du plaisir obligatoire jusqu'à un âge avancé. Le culte de la performance contamine tous les terrains possibles, jusqu'à celui de notre intimité. À ceci près que nombreux sont celles et ceux distinguant mal la cible à atteindre.

L'orgasme féminin : la quête du Graal

À une époque où l'infiniment petit n'a pas plus de secrets que l'infiniment grand, où l'on voyage dans l'atome et bientôt sur la planète Mars, les scientifiques n'ont toujours pas statué sur l'éternel mystère de l'orgasme féminin. Est-il différent selon qu'il est clitoridien, vaginal, ou encore « utéro-annexiel », pour citer Françoise Dolto ? Et *quid* du point G ? La femme fontaine a-t-elle une meilleure jouissance que les autres ? Et comment se manifeste cet orgasme ? Est-il nécessairement ce séisme sensoriel ou bien peut-il être une douce vague de bien-être ?

Sur ce sujet précisément, les études sont rares et incroyablement tardives, puisque la première date de 1966. Le duo américain Masters & Johnson publie cette année-là la première étude sur la jouissance féminine, à partir de la jouissance en laboratoire de 487 femmes. Le mécanisme de l'orgasme y est décrit se déroulant sur trois phases : la première est une phase d'une puissante conscience sensuelle dont l'épicentre serait le clitoris, mais dont les effets se ressentiraient dans tout le bassin. Quelques femmes précisent qu'elles pensent avoir des émissions de fluides. La deuxième vague est décrite comme une vague de chaleur partant du bassin et se diffusant dans tout le corps. La troisième parle de contractions involontaires dans le vagin et/ou le bas du bassin. Puis les résultats divergent selon les femmes : certaines parlent d'un spasme puis d'une palpitation, d'autres repèrent 5, 6, 8 contractions et celles qui parlent de 12 contractions y mêlent une intensité particulière. D'autres encore parlent d'une douce volupté.

Ce que l'on comprend tout simplement, c'est que l'orgasme féminin peut prendre des formes multiples. Près d'un demi-siècle plus tard, nous n'en savons pas beaucoup plus, si ce n'est que le clitoris, le vagin et le point G sont des éléments d'un seul et même tout. Une femme qui aurait tenté de mettre ses doigts dans son vagin au moment de l'orgasme arriverait facilement à la même conclusion : que la stimulation soit clitoridienne ou non, les spasmes ont bien lieu dans le vagin. Sauf que, pour beaucoup de femmes, le caractère invérifiable de leur jouissance est plus problématique que cela. Elles envieraient presque l'éjaculation masculine, qui au demeurant n'est pas non plus un gage de jouissance !

Or, l'éjaculation féminine existe. Là encore les avis des spécialistes divergent : selon les uns, le phénomène est marginal, on naît « femme fontaine » ou pas ; selon les autres, à force de pratique et de volonté, on peut parvenir à ce qui est vécu comme un stade supérieur de jouissance. L'écrivain et performeuse Wendy Delorme en atteste : la masturbation lui a si bien appris à connaître son corps qu'elle est capable de déclencher quand elle veut un orgasme fontaine. Sur les forums dédiés à cette question, on peut lire des témoignages de femmes rassurées de découvrir qu'en réalité ce n'est pas de l'urine qui jaillit d'elles parfois. L'une confie qu'elle ressentait souvent « comme une envie d'uriner » alors qu'elle était au bord de l'orgasme. Chaque fois elle « se retenait ». Jusqu'au jour où elle s'est laissée aller, seule, et « un plaisir incroyable, indéfinissable » l'a emportée. Elle venait de vivre sa première éjaculation. Lâchons donc prise, pour voir...

De l'utile à l'agréable

Dans l'Occident catholique, au moins jusqu'à la Renaissance, la sexualité n'a qu'un seul but avoué, la reproduction. Nonobstant, celle-ci ne serait possible ou optimale que si les deux parties connaissent la jouissance ; les médecins estiment même que la femme a une jouissance supérieure puisqu'à son propre fluide s'ajoute celui de l'homme. Mais tous les plaisirs ont une fin, et la répression se met en place pour canaliser les énergies. Au profit de la morale religieuse, des besoins de l'État, ou même plus tard de la psychanalyse, les pulsions sont contrôlées, refrénées. Mises à l'index ou sous clé. Le mariage devient en effet l'unique espace, la guérite du « bon » sexe.

Entre les jeux homosexuels et la prostitution, les hommes se sont trouvé des alternatives. Les femmes, quant à elles, n'ont guère eu le choix. Soit, ne renonçant pas au plaisir, elles s'exilent dans le camp des sorcières, copulant avec diables ou démons, vouées à la stérilité. (Notons que peu après, la sorcière est remplacée et renommée putain.) Soit elles s'adonnent à la religion et au mariage ; dévotes, épouses fidèles et mères sacrificielles, elles ont toutes les bonnes raisons d'oublier le sens même du mot *plaisir*. De toute façon, la médecine est passée par là, insinuant l'idée d'une frigidité féminine constitutionnelle. Voici ce que l'on nommerait l'archétype de la « femme convenable », pour reprendre l'expression de l'historien Robert Muchembled, celle-là même que Simone de Beauvoir décrit dans son *Deuxième Sexe*. Inconditionnellement tournée vers son intérieur – comprendre le foyer, la maison, soit la vitrine sociale des femmes de la bourgeoisie du XIXe siècle – et non pas vers sa chair et ses émois. Les femmes issues de la classe paysanne comme celles des couches sociales très élevées tendent à échapper à ce modèle, ce qui en fait les deux figures types du roman libertin. Ce schéma restera grossièrement en place jusqu'à l'arrivée de la pilule. Toutes les femmes, hors les prostituées, qui auront refusé ce carcan ont été perçues tour à tour comme maudites, excentriques, artistes, etc. Autant de qualificatifs plus ou moins désobligeants, qui stigmatisent ces femmes montrées du doigt. Selon Robert Muchembled, la donne change à partir de 1960 : « Les femmes, qui revendiquent à la fois le droit à la jouissance et le pouvoir social, sont en passe de prendre les commandes du rapport charnel. Le mouvement entraîne un bouleversement d'ensemble qui affecte les perceptions idéales de soi, les relations entre les sexes et les conduites autrefois qualifiées de marginales. »

Jouir au mode impératif

Amorcée dans la seconde moitié du XXe siècle, la louable réhabilitation de l'orgasme féminin eut un effet pervers immédiat. Jouir est devenu un ordre. Dans son livre *La Sexualité des femmes n'est pas celle des magazines* (éd. de La Martinière), Catherine Blanc, psychanalyste, psychothérapeute et sexothérapeute, constate à quel point les femmes ne se reconnaissent pas dans la sexualité médiatisée.

> Alors que la sexualité est admise, reconnue et déculpabilisée, il semble aujourd'hui que le seul objectif à atteindre soit celui de l'exhibition et de la jouissance. À grand renfort d'émissions de télévision, d'ouvrages plus ou

moins sulfureux, [...] les organes sexuels, le point G, l'érection, la pénétration, les comportements sexuels les plus variés [...] sont analysés, détaillés, expliqués comme autant de rouages d'un mécanisme dont l'unique fonction est la jouissance. [...] On parle de sexualité sur tous les tons, toutes les chaînes, toutes les ondes. Tant mieux. Mais qui parle de désir ? De ce désir qui lorsqu'il vous prend (pour les femmes dans le ventre), si fort qu'il en devient presque un besoin, fait peur. De ce désir qui, lorsqu'il ne vous prend pas, inquiète. De ce désir qu'il faut néanmoins explorer, apprivoiser, parce que, bien au-delà de sa dimension sexuelle, c'est à l'épanouissement, donc à la liberté qu'il conduit. De ce désir sans lequel les portes de la jouissance ne s'ouvriront jamais en grand [...]. Il est très intéressant de noter que le désir et la liberté à laquelle il conduit restent suspects.

Et dans les faits, 74 % des femmes interrogées dans la dernière étude réalisée sur la sexualité des Français pensaient que les autres femmes avaient des pratiques plus libérées que les leurs et avouaient un quotidien des plus classiques. Pour Michel Onfray, « le désir comme manque et le plaisir en comblement de ce manque, voilà l'origine du malaise et de la misère sexuelle. En effet, cette fiction dangereuse conduit la plupart à chercher l'inexistant, donc à trouver la frustration ».

Fiction, frustration, les rouages de cette dictature déguisée en libération sont de fait bien huilés. Oubliant de suivre notre propre élan, guettant des signes qui ne viendront jamais (tout seuls du moins), nous finissons par jeter l'anathème sur ce plaisir pourtant bien réel, qui ne nous arrache pas les feulements ou les larmes de bonheur *ad hoc*. Le docteur Sylvain Mimoun, andrologue, gynécologue et sexologue, en fait le constat avec ses patientes :

En fait, les femmes ne sont pas si libérées que ça. Les émissions de télévision ne montrent que des expériences extraordinaires, les autres ne les intéressent pas. De ce fait, on a l'impression que la nouvelle loi, c'est ça. Du coup, les femmes qui n'ont pas un orgasme à chaque fois se sentent anormales. Alors qu'évidemment ce n'est pas mécanique. Il arrive que le rapport ne finisse pas par un orgasme. Avant les femmes disaient « je n'ai pas d'orgasme à chaque fois, et ce n'est pas grave, je prends du plaisir quand même ». Maintenant les femmes ont adopté un certain nombre de comportements masculins, dont l'idée d'avoir un orgasme à chaque fois et de marquer l'autre sexuellement pour toujours. Le terrorisme ambiant a du bon et du mauvais. Le bon, c'est qu'on parle de sexualité et que cela débouche sur du mieux-être pour beaucoup car on a le droit d'en parler, de consulter, d'aller mieux, et on se sent moins seule. Mais cela présente un danger pour la frange la plus fragile qui prend les choses au pied de la lettre et considère ce qui lui est présenté comme argent comptant.

Il n'est donc pas si aisé pour nous, aujourd'hui, héritières de cette mutation nécessaire mais ambivalente, et à la fois toujours rattrapées, sinon fascinées, par l'image consensuelle et respectée de la femme convenable, de jouir simplement.

Quantifier l'insaisissable

Les chiffres avancés par l'étude de l'INSERM ne pouvaient que nous interpeller. Tous âges confondus, 35,8 % des femmes ont une absence totale de désir ou une difficulté à en éprouver et 36,2 % des femmes ont des difficultés, voire une impossibilité à atteindre l'orgasme. En regard, elles sont 47,6 % à déclarer qu'elles n'ont jamais aucune difficulté. Le docteur Mimoun réagit pour nous à ces chiffres : « Tout dépend de l'âge. Avant 30 ans, une femme sur deux ou trois ne ressent rien. Mais cela dépend également de l'orgasme dont on parle, et ce n'est pas spécifié dans l'étude. Si l'on parle d'orgasme vaginal, raison n° 1 des consultations, seules 25 % des femmes l'ont déjà éprouvé. Les 75 % restants sont soit clitoridiennes, soit ne ressentent rien. » La précédente enquête sur la sexualité des Français, qui date de 1992, donnait les chiffres suivants : 41 % des femmes avaient des difficultés à éprouver du désir, et 38 % des femmes se décrivaient anorgasmiques. En définitive, les chiffres n'ont pas beaucoup changé.

François Caviglioli, écrivain et grand reporter au *Nouvel Observateur*, s'est exprimé sur cette étude et nous met en garde contre ces chiffres. « La difficulté d'une enquête sur la sexualité, c'est que tout le monde ment. Les hommes par vantardise ou au contraire par prudence instinctive, les femmes par omission, ou plutôt sous l'effet de la perspective déformante à travers laquelle elles regardent leur vie sexuelle. » En supposant que ces données déclaratives soient un reflet de la vérité (c'est au moins le reflet d'une progression du plaisir féminin, ce qui est déjà bon signe), il reste qu'un certain nombre de femmes sont privées de la jouissance.

Au moment où paraissait cette étude, d'autres résultats ont été publiés aux États-Unis : 70 % des femmes ont simulé l'orgasme au moins une fois dans leur vie. Figure de rhétorique, ce « au moins une fois » est d'un euphémisme flagrant. Si l'on simule une fois, il est vraisemblable que l'on simule régulièrement. De manière exceptionnelle, il n'y a pas de quoi convoquer la brigade antifraude : c'est souvent pour ne pas blesser son partenaire, d'autant plus si c'est un homme, dont on connaît la susceptibilité à l'endroit de sa virilité... Parfois, c'est même un procédé auto-érotique, qui participe de l'excitation. Mais lorsque la simulation devient régulière, voire systématique, pour se débarrasser illico presto du devoir conjugal ou pour se conformer à l'image que l'on se fait du plaisir sexuel... c'est plus fâcheux.

Faux-semblant ou vrai désintérêt ?

Caroline a 29 ans. Journaliste dans un magazine féminin, elle est très jolie, très attentive à son apparence physique et très sollicitée par les hommes. Elle nous confie son désarroi lorsqu'elle rejoint son mari au lit.

> Je n'ai pas de chance, il y a des femmes qui attendent chaque soir que leur homme s'approche d'elles... Moi,

c'est l'inverse, et c'est une torture. Je voudrais tellement pouvoir lire mon livre tranquille ou regarder la télé. Mais presque tous les soirs, il vient vers moi, et là, *il faut que j'y passe*. Je ne vais pas le repousser à chaque fois... Surtout qu'on aimerait bien avoir un enfant. Et puis je ne veux pas lui faire de peine. Donc je fais semblant et je fais en sorte que ça aille vite. Je sais comment m'y prendre pour qu'il soit content. Quand ça dure trop, ça m'énerve. J'aime bien me blottir dans ses bras, j'aime bien qu'il me caresse, mais dès qu'il s'approche de trop près, enfin, de mon sexe, là, je ne peux pas. Moi-même j'ai du mal à me toucher, même quand je me lave, j'évite... alors je n'ai pas envie que lui il s'y attarde trop. En général, il me pénètre presque tout de suite. Je me retourne pour qu'il ne voie pas mon visage. Il doit penser que c'est parce que je préfère cette position. Et puis j'ai constaté que quand je crie, ça va plus vite. Par contre après, j'aime beaucoup, il est très tendre. Je suis sûre qu'il ne s'est jamais rendu compte de rien. Je ne vois pas comment ça peut changer. Je ne ressens rien. Tout ce que je fais, je le fais pour lui. Enfin d'ailleurs, à part crier, je ne fais pas grand-chose...

Deux aspects du témoignage de Caroline sont frappants. D'une part sa résignation, comme si elle s'excluait définitivement de la sphère du plaisir. D'autre part, sa conception d'une sexualité uniquement reproductrice, comme si faire un enfant et jouir n'étaient pas compatibles. Pourtant, la famille n'étant plus la forteresse irréductible de l'union pérenne de deux êtres, l'on voit mal aujourd'hui comment un couple peut perdurer sans connivence sexuelle.

Nous avons rencontré sur ce sujet Philippe Sollers, l'auteur de *Femmes*. L'homme en a connu de très nombreuses et l'écrivain en a fait vivre plus de 200 dans ses livres. Sa théorie sur le plaisir féminin nous intéresse. Selon lui, si les femmes n'éprouvent pas de plaisir, c'est qu'elles n'en ont tout simplement pas envie.

Bien sûr il y a eu des bouleversements, des changements profonds, socialement, et même sexuellement. La science a transformé l'imaginaire, et métamorphosé la façon de faire l'amour en apportant la pilule, l'avortement. Les femmes ont désormais le pouvoir total sur la vie. Mais il y a chez les hommes comme chez les femmes un fond d'archaïsme qui reste inchangé. Je suis très réservé sur le fait que 68 ait contribué à un épanouissement sexuel. La méconnaissance de chaque sexe l'un par rapport à l'autre reste inchangée. Pourtant, nous avons aujourd'hui tous les moyens de se renseigner, c'est très facile. Il reste donc une donnée essentielle, inchangée, fondamentale : *les femmes dans leur très grande majorité ne sont pas intéressées par la chose*, c'est-à-dire le plaisir, le désir, etc. Là-dessus, le mensonge est perpétuel. On nous arrose à jet permanent d'images de femmes qu'on célèbre comme des icônes. On nous en fait des modèles, des références, des images glacées, mais c'est faux. C'est l'organisation du spectacle. Mais quelqu'un qui cherche dans ce domaine trouve son plaisir. Si l'on a envie d'éprouver du plaisir, on en éprouve, c'est tout. Je suis convaincu qu'il n'y a pas plus de 7 à 8 % de femmes qui éprouvent du plaisir. Il y a à la fois désintérêt pour la chose et intérêt à la simuler. Intérêts variés : garder son homme, garder son argent, avoir des enfants, avoir l'air super orgasmique... Dans tous les cas : pas de plaisir donc frustration donc prise de pouvoir.

Propos polémiques, radicaux, mais forcément intéressants. Tout est donc perdu d'avance ? « Un peu de
tragique dans la destinée humaine est nécessaire »,
répond le romancier.

L'orgasme au féminin pluriel

Le docteur Mimoun ne partage pas les propos de
Philippe Sollers.

> Je pars du postulat inverse, celui qui croit que les
> femmes ont envie de jouissances, même si elles ne le
> savent pas. C'est comme les hommes qui sont inquiets,
> quand ils le sont, ils ne se l'avouent pas, et quand ça va
> mieux, ils disent « ah oui, j'étais inquiet ! ». Cependant,
> beaucoup de femmes ont un désir de séduction plutôt
> qu'un désir sexuel. Attirer le regard, et faire naître le
> désir chez l'autre, leur suffit. Ce n'est pas le portrait de
> la majorité des femmes, mais d'un pourcentage malgré
> tout assez significatif.

Encore une fois, il nous semble clair que trop de
femmes ne connaissent pas suffisamment leur corps
pour rester ainsi à la frontière de leur sexualité. La
jouissance peut émerger de tout le corps ; outre le clitoris, et le vagin (qui comporte six points sensoriels),
les zones érogènes sont partout : les seins, l'anus,
mais aussi le cou, la bouche, la peau... Parallèlement,
cette même jouissance est soumise aux paramètres
extérieurs qui parfois la contrarient. Stress, émotions,
parmi d'autres raisons qui ont toutes pour point

commun d'être « dans nos têtes ». C'est lui, notre cerveau, qui loge nos résistances.

Les interdits ancestraux restent très forts, explique le docteur Mimoun. La majorité des femmes qui ne jouissent pas sont bloquées par ces interdits. Elles viennent me voir en me disant « Je n'ai pas d'orgasme », mais elles me disent aussi « Pas question qu'on me touche ou que je touche mon clitoris », d'où la difficulté. Heureusement, depuis trois ou quatre ans, elles commencent à accepter les sex toys, puisque la société les a autorisés. Cela leur permet de ne pas se toucher directement, et d'éveiller quand même leur clitoris. Les femmes qui éprouvent un orgasme vaginal le décrivent comme plus intense, plus profond, ce qui donne envie aux autres de le connaître. En revanche, celles qui sont purement vaginales et pas du tout clitoridiennes, soit environ 10 % sur les 25 % de femmes vaginales, se moquent de savoir ce qu'est un orgasme clitoridien. Ce sont celles qui sont clitoridiennes et vaginales (soit les 15 % restantes) qui ont pu faire la différence, dire à quel point l'orgasme vaginal était plus intense et donner envie à toutes les femmes de le connaître. Il faut réveiller en premier lieu le clitoris quand il est endormi. L'orgasme n'est qu'un réflexe, si on apprend mal, on découvre mal. Beaucoup de femmes ne savent pas si elles ont des orgasmes et ne connaissent pas les degrés d'intensité dans l'orgasme, or il existe des apprentissages pour développer l'intensité. À tout âge. Parfois le plaisir et l'orgasme arrivent très tard. Quand la femme est stressée, elle ne peut absolument pas faire l'amour, contrairement à l'homme, qui lui, en aura envie pour se détendre.

De même, dans un moment de tristesse (deuil, dispute, etc.), si les hommes en général vont trouver du réconfort dans le sexe, les femmes n'y parviennent pas. Parce que, moralement, il nous est encore difficile de prendre du plaisir pour le plaisir.

L'imperfection créatrice

Il ne faudrait tout de même pas dresser un tableau par trop simpliste. Tout ne se résume pas à cette scission homme/femme, plaisir vrai/simulation intéressée. Beaucoup de femmes ont une libido débridée et une vie sexuelle épanouie, et beaucoup d'hommes ne sont pas plus concernés que ça par les choses du sexe. La différence, certes, réside dans la relative facilité qu'ont les hommes à obtenir un plaisir rapide et mécanique. À nous de prouver aux femmes « désexualisées » que le plaisir est à portée de leur corps.

Commençons par leur dire de nouveau que le contrôle absolu est une efficace armure « dehors », au travail ou en société, mais que, si parfois elles parvenaient à l'oublier au vestiaire, elles seraient sans doute plus perméables au désir de l'autre et plus libres pour chercher en direction du leur. Les icônes dont parle justement Sollers aiguisent sans cesse notre volonté de perfection. Le psychiatre et éthologue Boris Cyrulnik rappelle que cette dernière est un « mécanisme de défense » contre l'angoisse, et qu'il est tout à fait normal d'avoir envie de bien faire, voire de se dépasser, c'est ce qui nous stimule et nous fait progresser. Mais les objectifs de performance imposés par la société deviennent inatteignables et peu compatibles avec l'apprivoisement lent de ses sensations, l'écoute alerte de ses envies, l'incitation de ses fantasmes. La « rigidité mentale » et l'« inadaptation au changement » sont, pour Boris Cyrulnik, les revers de cette recherche inconsidérée de la perfection. Si nous voulons avancer, il faut mettre de côté défauts ou imperfections et apprendre à vivre avec. Entre le laisser-aller et la négligence, il y a un juste milieu qui se situe dans l'imperfection. Ainsi, dans le rapport amoureux « l'imperfection crée une ouverture ». Elle est source de créativité et régule les impératifs. Autrement dit, si nos ébats amoureux ne se déroulent pas comme nous l'avions espéré ou imaginé, demain est toujours un autre jour.

Dissoudre le malentendu

L'avantage de notre société ultra-compétitive, c'est l'offre qu'elle nous propose. Notamment en matière de jouissance. Que ce soient des articles dans les journaux, des conseils de blogueurs sur Internet, des manuels de toutes sortes, des techniques tantriques de respiration, des exercices dits de « Kegel » ou des sexologues, nous n'avons que l'embarras du choix. Pourtant, nous sommes souvent aveuglées par des besoins que nous pensons avoir et qui n'en sont pas réellement. Bien que nous ayons toutes un jour ou l'autre de notre vie testé notre capacité à contracter le périnée ou lu d'un œil plus ou moins attentif les recommandations des journaux, imaginez-vous sérieusement qu'en lisant des manuels et en suivant scrupuleusement les exercices recommandés, vous connaîtrez subitement l'orgasme ? Peut-être à tort, nous ne croyons pas en une méthode miracle. La seule alternative sérieuse, surtout s'il y a des pathologies particulières, demeure le sexologue. Mais avant de prendre rendez-vous, posez-vous quelques questions, pour échapper à la répétition de ce dialogue raconté par le sexologue Laurent Bouchereau dans *Marianne* (mars 2007), avec des patientes se plaignant régulièrement de ne pas avoir d'orgasmes.

> J'ai demandé à l'une d'entre elles comment se passaient les rapports avec son ami. Elle m'a répondu : « C'est formidable, lui et moi on s'entend super bien.
> – Et au lit comment ça se passe ?
> – Formidable. Je n'ai jamais rencontré quelqu'un d'aussi tendre.
> – Mais alors quel est le problème ?
> – Je veux moi aussi avoir des orgasmes, comme mes copines.
> – Est-ce que ça vous arrive de ressentir comme une petite contraction dans le bas du ventre, qui se reproduit plusieurs fois, comme des petites décharges électriques mais agréables ?
> – Oui, oui, souvent.
> – Donc vous avez des orgasmes.
> – Quoi, c'est ça ? Mais ça ne m'a jamais fait crier !

La manifestation du plaisir est elle aussi sous la dictature du « spectacle », on y reviendra. À force de guetter la bête fauve qui serait censée rugir en nous *post coïtum*, nous laissons filer le train de la volupté.

Au fond de soi

Heureusement il est des femmes qui nous montrent la voie du bonheur des sens.

Coralie, 33 ans, productrice à la télévision, a été élevée par des parents très ouverts, qui ont répondu à ses interrogations, à sa curiosité naturelle. Ses premiers souvenirs de masturbation remontent à la petite enfance.

Très petite, je savais que j'aimais le faire, mais je ne savais pas du tout ce que c'était. Plus tard, vers huit ans, j'ai initié beaucoup de mes copines aux caresses. Quand elles venaient dormir à la maison, je commençais par leur caresser le dos. C'était chacune son tour, et puis ça glissait sur les seins, les fesses. Puis il y a eu les garçons. J'ai eu beaucoup d'aventures. J'ai appris à connaître mon corps sur le bout des doigts, et le corps des hommes aussi. Je me trouve belle. Je n'ai jamais eu le moindre complexe malgré mes kilos en trop. J'aime manger et faire l'amour, et les hommes aiment tellement mon corps que je ne vois pas pourquoi je serais complexée. J'aime sentir le désir monter en moi. J'adore me masturber évidemment, et il m'arrive, même au bureau, de m'échapper pour me donner du plaisir. Quand j'ai envie, je suis capable de n'importe quoi. Quand je fais l'amour, je ne suis que désir. Je laisse mon esprit glisser dans ma bouche, dans mon sexe, dans mes mains. Mes amies s'étonnent de la façon dont j'appréhende tout ce qui touche au corps et au sexe. Je passe des heures dans mon bain ou dans mon lit, mais je ne suis pas du tout obsédée par l'apparence, la propreté à tout prix. J'aime les odeurs corporelles, je ne porte pas de parfum et je porte

rarement de culotte. Ce n'est pas pour m'exciter à longueur de temps, c'est pour que rien n'entrave mon
corps. Je pense que je dégage un truc assez sexuel. C'est
difficile pour moi d'en parler tellement c'est naturel,
évident, tellement cela fait partie de moi...

Pourquoi Coralie est-elle si épanouie, quand tant
de femmes, qui ont apparemment tout pour l'être,
ne le sont pas ?

C'est une question de confiance en soi, dit Mireille
Dubois-Chevalier, sexologue. Quand le soi est profon-
dément féminin, on ne craint ni d'être désirante ni
d'être désirée. On ne devient pas une grande amoureuse
ou une grande séductrice. On « naît » comme ça. Je
veux dire qu'on grandit comme ça. Il y a un tel orgasme
de soi, un tel amour, une telle confiance en soi, que l'on
n'a pas besoin de l'autre. C'est une identité liée à la
construction. Comme chacun sait, si l'on se suffit à soi-
même, on est éminemment attirante. Mais ces femmes-
là ont aussi plus de mal à construire un couple. Être une
grande amoureuse en couple, cela n'a plus vraiment de
sens. Le désir dans un couple qui dure, c'est ailleurs qu'il
se joue, ce n'est plus dans la séduction. Or les grandes
amoureuses ont besoin de séduire, et de consommer.
L'objectif n'est pas de devenir ça, l'objectif est de devenir soi...

C'est ce que Candida Royalle est parvenue à faire,
à plus de 50 ans. Ancienne actrice porno, cette Américaine de 59 ans réalise et produit des films pornographiques conçus exclusivement pour les femmes,
depuis 1980. Elle vit depuis cinq ans avec un homme
d'une dizaine d'années de moins qu'elle, qui travaille

la peur (de m
la peur (de s
XVIIIᵉ siècle
ment du
nant qu
et la b
quatr
dies
ér

LE PLAISI

Toutes les femmes sont différentes et, se
les croyances, les fantasmes, les périodes du
les goûts et les ressentis changent. Pour éprouve
plaisir, il faut d'abord et avant tout connaître so
corps. La masturbation est sans conteste la meilleure
voie d'accès à cette connaissance.

Un geste originel longtemps condamné

Le plaisir solitaire a longtemps été sale, condamné,
réprimé. Le fameux « ça rend sourd » est aujourd'hui
une plaisanterie ; longtemps, on l'a cru. D'ailleurs, le
terme d'onanisme est à l'origine un terme médical,
désignant la pathologie associée à la masturbation. Il
fait référence dans son étymologie au péché d'Onan,
ce personnage de l'Ancien Testament qui, refusant
de féconder la veuve de son frère, aurait préféré
« laisser sa semence se perdre dans la terre ». Onan
fut puni de mort par Dieu, et l'onanisme épingla ce
« fléau social nuisible à la santé ». Ces idées venues de

ourir, qui plus est en enfer) ont engendré
e masturber ou d'en avoir envie). Jusqu'au
, on a continué de penser le fonctionne-
corps humain comme chez les Grecs : conte-
atre liquides (le sang, le phlegme, la bile jaune
le noire), on était en bonne santé lorsque ces
liquides avaient un rapport équilibré. Les mala-
s'expliquaient par l'insuffisance ou l'excès de l'un
ces liquides. Or, le sperme de l'homme et les fluides
nis par la femme étaient considérés comme du sang.
ne éjaculation équivalait à perdre du sang. « Perdre »
du sperme c'était donc risquer la maladie et, par
extension, la mort. Si la perte de ce précieux liquide se
concevait dans le but d'assurer sa descendance, il était
en revanche impensable de prendre de tels risques
pour son seul plaisir. Cette théorie ne concernait que
les adultes, enfants et adolescents étant censés émettre
un liquide imparfait et sans danger. Du Moyen Âge au
XVIIIe siècle, enfants et adolescents auront même le
droit de se caresser sans danger, y compris sous les
yeux de leurs parents, autour du poêle ou à l'école !

Aux XVIIIe et XIXe siècles, c'est la morale chrétienne
qui se focalise sur cette perte d'énergie vitale. Les
médecins se font les complices de cette répression,
accusant la masturbation d'être la cause de maladies
effroyables et de morts atroces. C'est la fin de la liberté
pour les adolescents, garçons et filles, qui entendent
pléthore d'histoires rocambolesques faites pour terro-
riser et les empêcher de se toucher. Des méthodes
sont mises en place pour les contraindre à la chasteté : moufles pour la nuit, bras attachés pour dormir,
combinaison entravant les mouvements et empê-

dans un monde très éloigné de l'univers de la sexualité. C'est pourtant lui qui a fait découvrir de nouveaux degrés de jouissance à cette spécialiste du
plaisir féminin. Preuve en est que la jouissance est
une notion évolutive, une abstraction malléable
propre à chacune. Du sur-mesure, à customiser à loi-
sir, en quelque sorte ! Jouir coûte que coûte n'a
aucun sens et aucune chance de réussite, surtout si
l'on ne sait pas comment son corps prend du plaisir.

chant les contacts génitaux. La médecine va jusqu'à recommander excision ou brûlures du clitoris pour les filles et des appareils bloquant les érections nocturnes pour les garçons. En 1894, le Dr Pouillet invente la « ceinture contentive », destinée à empêcher les femmes de se « manuéliser ». « Un appareil léger et bien conditionné qui boucherait hermétiquement l'orifice vulvaire, tout en écartant un peu les cuisses et en ménageant une petite ouverture pour le passage de l'urine et des menstrues, rendraient, je pense, un signalé service aux masturbatrices. » Notre bon docteur fut également l'instigateur des méthodes de cautérisation du clitoris. « Il faut recourir à cette opération lorsque les autres méthodes curatives auront échoué », écrit-il. La surveillance constante des plus jeunes commence, et en les ciblant, les réprobateurs atteignent deux cibles : les adolescents et les adultes qu'ils seraient plus tard.

Cette lutte sans merci contre la masturbation dura jusqu'aux années 1930. « C'est peu dire que ce mélange de censure et de menaces finit par écraser les filles d'Ève du poids de la honte et de la culpabilité. Car bien sûr, comme dans toute prohibition, les attouchements existent toujours, avec la rougeur au front et le silence comme confidents. » (Fanette Duclair, Second Sexe)

Réhabilitation

On a mis du temps à faire le tri parmi les inepties. Freud lui-même crut bon d'appliquer sa théorie œdipienne au geste masturbatoire : la fillette en âge de

57

se détourner de la mère vers le père doit substituer le vagin (féminin, récepteur) au clitoris (masculin, actif). En clair, le développement vers la féminité freudienne présupposait l'élimination de la zone clitoridienne. Pourtant, comme le fait remarquer le psychanalyste Jacques André, « il n'est pas nécessaire d'être psychanalyste pour savoir, à l'encontre de Freud, que les érogénéités clitoridiennes et vaginales chez la femme sont cumulatives et non soustractives ». Au demeurant, Freud joua un rôle essentiel dans la réhabilitation de la masturbation résumée par lui comme étant « la seule grande habitude, le besoin primitif ».

La première étude à avoir corroboré l'absence de risques dans les pratiques de la masturbation fut le rapport Kinsley qui fit l'effet d'une bombe en 1948. Le cortège de peurs commença de s'estomper, puis s'effaça tout à fait avec les féministes, la révolution sexuelle et sa cohorte de slogans dont le célèbre « Jouir sans entraves ».

La masturbation et les femmes d'aujourd'hui

Mais pour de nombreuses femmes l'entrave demeure, d'autant que l'Église continue à ranger la masturbation parmi ses interdits. Dans l'encyclique *Deus Caritas*, elle est classée au même rang que la pédophilie ou l'euthanasie !

Si les magazines féminins sont très diserts sur les bienfaits de la masturbation, apparentée à un anxiolytique puissant, les cabinets de sexologues, eux, voient passer une foule de femmes qui ont en commun un « moi, jamais ! » censurant leur plaisir solitaire. Si certaines femmes parviennent à jouir sans jamais se masturber, celles qui n'atteignent pas l'orgasme sont également celles qui ne se masturbent pas. CQFD.

60 % des femmes contre 91 % des hommes se sont livrées à la masturbation au moins une fois dans la vie. Régulièrement (c'est-à-dire une fois ou parfois dans les douze derniers mois) : 18 % des femmes et 40 % des hommes. Par contre, la balance tend à s'inverser avec l'âge : les femmes se masturbent de plus en plus en vieillissant, l'apogée étant entre 35 et 40 ans (23 %) alors que les hommes, de moins en moins (ils sont de 56 % à 18 ans et seulement à 20 % à 60 ans).

Même si l'on sait aujourd'hui que nourrissons et fœtus se masturbent, à la petite enfance c'est l'éducation des parents qui permet ou non aux enfants de se livrer à cette pratique. Le Dr Mimoun estime que si 90 % des garçons se masturbent à l'adolescence, seulement 60 % des filles le font, et que la majorité des femmes commencent à se masturber après 30-35 ans, par manque de transmission intergénérationnelle, d'héritage.

Pour Fanette Duclair, « la masturbation entre souvent dans la vie par effraction ». C'est le cas de Juliette, 43 ans, comédienne.

> Mes premiers souvenirs de masturbation remontent à ma toute petite enfance. Je me vois encore, dans mon lit, me faire plaisir tous les soirs avant de dormir et même assez souvent à l'école. J'avais environ 5 ans.

C'était pour moi un plaisir et un secret extraordinaires. Je ne pensais pas vraiment qu'il s'agissait d'une maladie, mais peut-être un peu quand même. Une fois, j'ai été surprise par ma grand-mère. « Ne fais pas ça, c'est sale », cria-t-elle en sortant précipitamment de ma chambre. Et puis un jour, je devais avoir 12 ou 13 ans, et j'ai entendu ma mère et ma sœur parler de masturbation intellectuelle. C'est quoi « masturbation » ? demandai-je naturellement face à un mot que je ne comprenais pas. C'est se faire plaisir à soi-même, m'a répondu ma sœur plus âgée. Ce fut comme une révélation. Je me vois encore partir au collège totalement chamboulée par cette extraordinaire nouvelle : je me masturbais ! Ce que je croyais être un truc étrange propre à moi-même était apparemment un geste pratiqué par tous !

Pour les filles et les femmes, la masturbation demeure un monde parallèle, qu'on pénètre en secret et presque dans la honte. Et pourtant...

Plus l'on jouit, plus l'on jouit

Vraisemblablement, les femmes se masturbent davantage lorsqu'elles ont des relations sexuelles fortes. Non seulement la masturbation est bien souvent et surtout chez les femmes le signe d'une sexualité épanouie, mais de surcroît, elle est moteur du désir. Et enfin, la masturbation se partage. Elle n'enlève rien au partenaire, au contraire, elle se révèle être un excitant puissant. En clair, plus l'on se masturbe, plus l'on a envie de se masturber de nouveau et/ou de faire l'amour avec son partenaire. Le désir est un foyer à entretenir avec vigilance : en alimentant la braise, le feu brûle toujours. Mais si on laisse la braise s'éteindre, il n'y a plus de feu. Il faut alors tout reprendre à zéro, tout rallumer, ce qui est beaucoup plus hasardeux, voire long et incertain.

Nous le disions en introduction à ce chapitre, la masturbation est une façon de comprendre son plaisir et de le faire découvrir à l'autre. Elle est aussi le moyen préconisé par les sexologues pour rechercher le plaisir et l'orgasme quand on éprouve des difficultés à y parvenir. En plus de guider son partenaire, la connaissance et la maîtrise de son plaisir procurent l'assurance d'en donner à l'autre.

La masturbation féminine a ceci de singulier qu'elle peut s'exercer de mille façons : caresses avec les mains, utilisation d'objets écran (morceaux de tissu, drap, plumes, fourrure, ou objets domestiques de formes oblongues), masturbation par « sciage » (en serrant en rythme les deux cuisses l'une contre l'autre, ce qui stimule le clitoris), jet de douche, etc. Mais la masturbation par pénétration vaginale avec un ou plusieurs doigts ou à l'aide d'un objet ne concernerait qu'à peine 2 % des femmes. Peu importe la méthode, pourvu qu'on ait l'ivresse. Nous nous permettons simplement de conseiller aux femmes réfractaires à l'usage de sex toys : c'est un vrai instrument étudié pour stimuler et prodiguer du plaisir, plus efficace et moins dangereux qu'un goulot de bouteille ou un manche à balai (entre autres objets incongrus retrouvés dans les orifices de centaines de personnes qui atterrissent aux urgences, parfois dans un état grave).

Jouets érotiques, les nouvelles stars

Nous sommes toutes des utilisatrices potentielles de ces sex toys inventés par les Anglo-Saxons. Célibataires ou en couple, étudiantes ou mères de famille, jeunes ou plus âgées. Il en existe de toutes sortes, pour les femmes comme pour les hommes : des godemichés aux vibromasseurs, en passant par les boules de geisha, les perles anales, les menottes ou les bandeaux pour les yeux. Leur rôle est on ne peut plus simple : « objets utilisés pour le plaisir sexuel humain », selon la définition.

Si nombreuses sont encore les réticences à leur égard (ce qui ne signifie pas qu'on *doive* absolument devenir une adepte), c'est que, dans l'inconscient de beaucoup, les jouets sexuels sont des succédanés destinés aux femmes seules ou frustrées. Remettons les choses à l'endroit : il ne s'agit pas d'avoir soit un partenaire, soit un sex toy. Le sex toy n'est pas un substitut du phallus, tout comme une poupée gonflable ou un vagin artificiel ne sont pas des substituts de femmes ou de sexe de femmes. On peut utiliser les jouets érotiques seule, pour notre propre plaisir, ou à deux pour rendre sa vie de couple précisément plus ludique. Et que toutes celles qui n'ont jamais essayé se rassurent, il n'est jamais trop tard.

Selon les différentes études, entre 7 à 12 % des Françaises posséderaient des sex toys, alors qu'environ 50 % des Anglo-Saxonnes en feraient usage. C'est la série américaine *Sex and the City* qui est à l'origine de l'engouement médiatique pour les sex toys en France. Les comédiennes de cette série en parlent naturellement sans omettre de décrire ce qu'elles ressentent, démystifiant l'objet. Ensuite, ce sont les médias qui se sont fait l'écho de ce phénomène, déculpabilisant les femmes et propageant l'idée du plaisir obtenu grâce à ces jouets pour adultes.

Entre divertissement et diversion

Tous les sexologues le disent, l'objet, s'il n'est pas un substitut du phallus, peut être un bon substitut de nos doigts. Certaines femmes éprouvent des difficultés à se masturber, on l'a vu, en partie parce qu'elles n'ont pas assez confiance en elles, et que cet autocentrisme est difficile à assumer. Certaines, voire beaucoup d'entre nous, ont du mal à faire barrage aux pensées vagabondes. Nous voici donc en pleine tentative d'auto-érotisme, souvent pleines de bonne volonté et de joie en perspective, quand la liste des courses ou la remarque de notre supérieur(e) hiérarchique refait surface, ou que l'heure de fermeture du pressing approche, polluant nos scénarios masturbatoires.

Au lieu de conclure que nous n'aimons pas ou ne savons pas nous masturber, essayons de concentrer notre attention sur un objet qui mettra une distance entre nous et nous-même, puis fera le reste.

Qui plus est, l'efficacité de ces outils est avérée. La puissance de leurs vibrations peut entraîner une jouissance qu'une stimulation manuelle mettrait plus de temps à déclencher. Certaines femmes craignent souvent que la puissance du vibromasseur empêche ensuite toute autre forme de jouissance, en réalité, il ne s'agit que d'une jouissance différente, plus mécanique ; qui n'est pas prête à se substituer au plaisir procuré par les gestes, les odeurs et le corps d'un être vivant, réagissant et pensant.

Au détour de l'histoire

Les accessoires érotiques sont vieux comme le monde. On en trouve des traces vieilles de plus de 2 500 ans chez les Chinois, les Grecs, les Égyptiens, les Japonais et, bien entendu, chez les Romains. Le mot « godemiché » viendrait d'ailleurs du latin *gaude mihi*, expression signifiant tout simplement « réjouis-moi ! ». Étrangement, même si l'objet phallique était d'un usage répandu depuis l'Antiquité, ce n'est qu'au XVIᵉ siècle qu'un scientifique italien, Mateo Renaldo Columbus, vérifie scientifiquement l'existence de l'orgasme féminin. C'est également lui qui met en évidence un tout petit organe qu'il appelle clitoris (du grec *kleitoris*, monticule).

L'histoire du vibromasseur est plus étonnante encore. À la fin du XIXᵉ siècle, les médecins développent une méthode pour soigner l'hystérie féminine, en leur prodiguant des massages du clitoris. Les séances ont une durée moyenne d'une heure. En 1869, le premier vibromasseur (à vapeur) est développé, pour permettre aux médecins d'accélérer la méthode, on passe ainsi d'une à six femmes par heure. Techniquement compliqué, l'usage nécessitait la présence du médecin ; la morale ne s'oppose pas à ce traitement puisque la jouissance clitoridienne n'est pas encore reconnue. Au début du XXe siècle, le vibromasseur entre dans la sphère privée. Les publicités américaines le recommandent vivement aux maris pour maintenir l'harmonie dans leur foyer et il figure dans tous les catalogues électroménagers de l'époque. Jusqu'en 1920, date à laquelle l'orgasme clitoridien fut avéré, et l'utilisation du vibromasseur fustigée. Comment les médecins de l'époque reconsidérèrent leurs longs massages en apprenant la nouvelle ? L'histoire ne le dit pas.

Il fallut ensuite attendre les années 70 pour que les Américaines réhabilitent les sex toys comme faisant partie intégrante de leur sexualité, et que, progressivement, ils reprennent leur place dans les foyers. Selon les dernières études, un peu moins de 50 % des Américaines utilisent aujourd'hui des sex toys. L'engouement français reste assez confidentiel en comparaison, malgré l'impression inverse que nous donnent la quantité d'articles, d'émissions et de témoignages sur la question depuis quelques années.

La vocation au plaisir

L'inventivité des « designers » de sex toys est sans limites, et il ne se passe pas une semaine sans que de nouveaux objets débarquent sur le marché, créant, ce faisant, de nouvelles utilités et répondant à toutes les envies. Certaines d'entre nous sont plus excitées par le noir, le cuir, d'autres sont rassurées par les couleurs vives ou les objets régressifs comme les canards, d'autres choisissent des objets strictement phalliques. Le choix est encore plus varié : entre ceux qui servent à stimuler le pénis ou le clitoris, ceux qui servent à stimuler les régions vaginales ou anales, ceux qui servent à la pénétration vaginale ou anale, et enfin ceux qui servent à stimuler l'imagination, il ne reste qu'à tous les essayer ! L'essentiel étant qu'ils soient efficaces et que nous les assumions.

Élodie, 35 ans, assistante de direction, a un goût très prononcé pour les jouets depuis très longtemps.

J'ai découvert les jouets grâce à mon premier petit ami. Il était beaucoup plus âgé que moi et était très friand de godemichés et de vibromasseurs. J'étais très jeune, à peine 16 ans, et je savais déjà depuis très longtemps me faire plaisir et parvenir à l'orgasme. Il m'a tout appris, enfin tout ce que je ne savais pas déjà. Il m'a très vite fait découvrir le vibromasseur. Je m'amusais ensuite des heures sans lui, et quand il arrivait, j'étais dans un état extatique, tout à fait ce qu'il attendait ! Puis j'ai aussi découvert avec lui que les hommes hétéros aiment aussi se faire pénétrer. Il m'a offert un gode ceinture. Ça, c'était vraiment un secret à l'époque. Bien souvent, ils se caressent cette région, mais les femmes le font très rarement spontanément et ils n'osent pas leur demander. C'est comme nous pour la stimulation de notre clitoris. *Avec les jouets, on peut aussi montrer à son partenaire quel est notre rythme, nos zones sensibles,* et ensuite, il peut tenter de s'en approcher. Enfin pour moi, les jouets, c'est magique ! Ça me donne un aplomb dans la vie, une facilité relationnelle avec les gens, une confiance en moi extraordinaires.

Toutes n'auront pas le même plaisir ni la même aisance qu'Élodie. Reste que les sex toys peuvent représenter une solution facile pour agrémenter une vie sexuelle un peu morne ou contrer la routine. C'est aussi une manière pour les femmes insatisfaites de prendre leur sexualité et *a fortiori* leur plaisir en main, elles qui ont parfois tendance à y renoncer, quand elles ne mettent pas leur frustration sur le compte d'une absurde frigidité ou sur le dos de prétendus « mauvais coups » !

Osez prendre l'initiative !

On le sait : là comme ailleurs, c'est toujours le premier pas le plus difficile. Pour une femme qui n'est pas en couple, seuls les préjugés peuvent la retenir de tenter l'expérience de la masturbation avec un jouet. À deux, il faut avoir le courage de faire le premier pas. Les sex-shops féminins ne dégagent pas cette sensation de suspicion ou de transgression que certains lieux plus masculins peuvent faire peser sur une femme. Les sites Internet garantissent une discrétion absolue et les explications sont partout. Le design de certains de ces objets, qui n'ont pas tous une forme phallique mais arborent aussi des lignes abstraites dignes d'un objet de déco, permet de ne pas craindre de situations embarrassantes chez soi. Seuls peuvent retenir encore le tabou ou l'entière satisfaction qu'assurent nos dix doigts.

Claude, 45 ans, mariée et mère de deux enfants, directrice d'une société de communication, a franchi le pas après neuf ans de vie commune. Les relations sexuelles avec son mari étaient toujours intenses mais de plus en plus rares. Un jour, elle a vu à la télévision un reportage sur une boutique de sex toys.

L'idée me trottait dans la tête depuis quelque temps. Essayer pour voir. Mon mari étant assez ouvert sur ce terrain, je ne risquais pas *a priori* de le choquer ou de le gêner. J'en avais très envie, alors je me suis lancée. Nous approchions des vacances de Noël et mon mari pensait m'emmener à Venise par l'Orient Express et sans les enfants. Cela ressemblait assez à une tentative de retrouvailles, ou de rapprochement tout du moins. Je décidai que la surprise serait pour le train. Dans le magasin, je me suis fait expliquer et conseiller ; pour un début, je ne voulais pas choquer. Je choisis finalement deux godemichés et un petit vibromasseur. Une fois dans la cabine, j'ai offert le paquet à mon mari en lui glissant « Joyeux Noël » à l'oreille. Nous ne sommes pas beaucoup sortis de la chambre d'hôtel, et depuis, nous les utilisons régulièrement. Ce petit voyage a vraiment été pour nous *un changement très net dans nos rapports*. Je me suis longtemps demandé si nous serions encore ensemble sans cette complicité-là.

Une idée pour celles qui ont envie mais n'osent pas : bander les yeux de son partenaire permet de tenter des expériences sans avoir à affronter son regard. Et de multiplier les effets de l'imaginaire. Car à la capacité de maîtriser et de stimuler son propre plaisir répond celle de nourrir son propre érotisme, de laisser parler ses fantasmes.

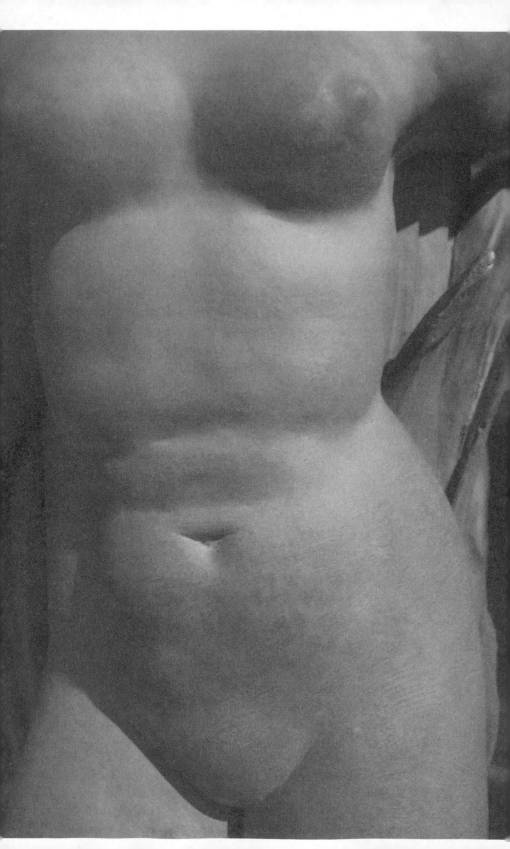

4

LE FANTASME

Nous avons beaucoup parlé de nos corps et de nos sensations. Le sexe demeure néanmoins une activité éminemment cérébrale, inconcevable sans le lâcher prise et les émotions suscitées par l'amour ou la transgression, parmi tant d'autres éléments d'une corrélation psychique et nerveuse. Si le sexe n'était que mécanique, nous n'éprouverions pas d'excitation là où d'autres éprouvent du rejet, et nous nous ennuierions ferme à copuler tous et toujours de la même manière, efficace et rudimentaire. Car ce qui enjolive la vie en général et le sexe en particulier, ce qui distingue l'homme de l'animal, ce sont les créations de son imaginaire, autrement dit les fantasmes. « On sait le rôle majeur accordé par la psychanalyse à la sexualité, dans une conception très extensive qui la situe au centre du fonctionnement psychique, dit Michèle Perron-Borelli, psychanalyste, dans son livre *Les Fantasmes*. Or ce sont les fantasmes qui représentent et expriment, sur le plan proprement psychique, l'essentiel de la sexualité humaine. »

Ils naissent avec nos premiers émois, accompagnent la découverte du corps et la masturbation, puis ils évoluent et s'épanouissent tout au long de notre vie sexuelle. S'ils sont le reflet de nos désirs inconscients, ils peuvent être façonnés et enrichis à l'envi. Plus nous nous projetons dans notre scénario, plus nous nous immergeons dans cette réalité fictive, plus la mécanique fantasmatique est efficiente. Donc, excitante.

Prendre ses désirs pour la réalité

Nombreux sont ceux et celles qui en ont besoin pour arriver à la jouissance, ce qui ne doit pas être conçu comme une trahison, à l'instar de ce qu'éprouve le personnage masculin du film *Eyes Wide Shut* de Stanley Kubrick lorsqu'il apprend que son épouse fantasme sur un homme en uniforme pendant qu'ils font l'amour. Le plus souvent, sans doute par crainte de cette jalousie réactive, les partenaires ne s'avouent pas avoir recours à des fantasmes pour stimuler leur excitation ou parvenir à l'orgasme. Mais il arrive aussi qu'ils aient du plaisir à se raconter ce qu'ils imaginent, dans un partage très intime. Chacun féconde ses propres fantasmes, brefs ou lents, précis, obsessionnels, ou bien éclectiques et changeants. Agathe, 29 ans, styliste à Paris, nous a confié qu'elle ne comprend pas du tout son fantasme récurrent.

> Lorsque nous faisons l'amour avec mon mari, j'ai besoin de l'entendre me raconter des scénarios, des histoires

dans lesquelles il a des relations sexuelles avec d'autres femmes. Mais je suis pourtant très jalouse ! *Je ne comprends pas pourquoi le fait de l'imaginer avec d'autres femmes m'excite autant* lors de nos rapports sexuels, alors que dans la réalité, cela me dégoûterait. En y réfléchissant, je me suis dit que c'était sans doute que j'avais un côté « voyeur », et que peut-être le fait de lui donner l'autorisation de me raconter des histoires imaginées avec d'autres femmes lui enlèverait l'envie de le faire pour de vrai. Mon mari éprouve lui aussi du plaisir à répondre à mon fantasme ; parfois cela m'inquiète, je me dis qu'il doit vraiment en avoir envie pour être aussi précis, mais la plupart du temps, ça me rend dingue, tout simplement.

La jalousie peut être un sentiment destructeur, qui nous plonge dans des affres insoupçonnées. Le dernier livre de Catherine Millet, *Jour de souffrance*, met au jour cet état dans lequel elle ne se reconnaît plus, mais qui métamorphose aussi ses fantasmes. Elle raconte qu'avant d'éprouver cette dévorante jalousie elle se faisait jouir en s'imaginant avec des êtres inventés par elle. En découvrant que son mari couche avec d'autres femmes, le processus cesse et elle ne fantasme plus que sur elles, personnes réelles et connues d'elle.

Les variables du fantasme sont infinies, mais il y a des classiques. Selon un sondage, les fantasmes récurrents chez les hommes sont : faire l'amour dans la nature (53 %), être initié au sexe par une femme sans tabous (37 %), faire l'amour avec deux femmes (36 %), faire l'amour avec une inconnue sans se parler ni se revoir (29 %), ou avoir un harem prêt à assouvir tous ses désirs (27 %). Chez les femmes : regarder un couple faire l'amour (32 %), regarder deux femmes faire l'amour (14 %), faire l'amour à plusieurs (11 %), avoir une relation avec une autre femme (10 %). Et puis, il y a ces fantasmes qui ne sont pas d'ordre érotique mais plus sentimental qui excitent néanmoins lors du rapport sexuel. Certaines femmes imaginent ainsi avec ferveur la vie qu'elles pourraient avoir avec un homme en particulier, les mots d'amour qu'un jour ils s'échangeront. Toutes les femmes ne peuvent ni ne veulent dissocier à tout prix sexe et sentiments, et si fantasmer sur le prince charmant (ce qui ne signifie pas qu'elles y croient vraiment...) les met en émoi, pourquoi pas ?

Nombre de ces fantasmes, qu'ils se répètent ou se contredisent d'un jour à l'autre, sont des indicateurs de nos préférences (les dominatrices vont plus souvent imaginer des mises en scène avec des hommes ou des femmes soumises) ou des changements dans nos vies. Il est alors aisé de les formuler, de les interpréter ou de les partager. D'autres nous laissent dans un sentiment d'incrédulité, voire de honte. Pourtant il faut différencier fantasme et désir, imagination et réalisation.

Là où interdits et transgressions sont possibles

Le fantasme est un espace de liberté absolue, un sanctuaire impénétrable, une zone franche intime.

Les déviances et les perversions s'y croisent souvent, ce qui n'est pas sans inquiéter les femmes convenables que nous sommes ! Moi, la femme d'entreprise, l'épouse fidèle, la future maman, comment puis-je être excitée par cette situation, par cette personne, par ces corps ? Heureusement la sexologue Mireille Dubois-Chevalier désamorce le conflit entre notre image et notre imaginaire :

> Se poser la question de savoir si l'on est fou parce que nos fantasmes sont transgressifs revient à se demander si l'on est fou parce que l'on rêve d'être riche. Tant que l'on ne se prend pas pour Crésus dans la réalité, tout va bien. C'est exactement la même chose pour les fantasmes. Tant que l'on sait que ce ne sont que des fantasmes, tout va bien. S'il y a une souffrance ou une obsession par rapport aux fantasmes, les choses sont différentes. La normalité, c'est de ne pas souffrir. Si l'on a mal, c'est exactement comme pour l'organisme, c'est un symptôme d'alerte. Et il est préférable d'essayer de comprendre et de consulter.

Sauf lorsque l'irréel prend le pas sur le réel, nous sommes en droit de tout imaginer. De la même manière que l'on peut dire à propos d'une personne « j'ai envie de la tuer », sans passer à l'acte, on peut trouver un plaisir aphrodisiaque en visualisant des situations obscènes, en se projetant dans un interdit que l'on n'expérimentera jamais.

C'est bien la différence entre fiction et réalité qui disculpe en premier lieu la littérature. Sade, Nabokov ou Pierre Louÿs ne sont plus considérés tels des criminels incestueux, zoophiles ou homosexuels, qui ont décrit (ou provoqué) dans leurs romans certains de nos propres fantasmes. Le pire est souvent inavouable, mais il est acceptable dans la sphère imaginaire.

Les Grecs avaient mis un mot sur ce processus mental : *catharsis* (purification). En imaginant crimes, passions criminelles ou perversions sexuelles, c'est-à-dire en transgressant un interdit, paradoxalement, on réaffirme les règles établies. Réciproquement, lorsqu'un interdit disparaît, sa transgression aussi.

Ainsi Gabrielle, 38 ans, raconte qu'elle ne parvient pas à élaborer des fantasmes. En y réfléchissant, elle se rend compte qu'enfant ses parents ont empêché toute forme de transgression. « Rien ne m'était interdit, donc je n'ai pas de fantasme. À la place, je me nourris de mes désirs. »

Cependant, ces notions de transgressions sont indissociables du contexte historico-culturel. Dans certains pays d'Afrique, la polygamie est ordinaire, quand chez nous de nombreux hommes vont seulement rêver de posséder plusieurs femmes ; de même, il fut une époque où le mariage en France pouvait se concevoir dès l'âge de 12-15 ans, tandis que dévoiler ses chevilles était impensable. Les codes de la morale et de la pudeur jouent pour beaucoup dans l'imaginaire collectif.

Les fantasmes demeurent par ailleurs intimement liés à notre propre existence. Si certains nous échappent et nous égarent parfois, avec le temps et l'expérience nous achevons de les comprendre, et surtout de les assumer, pour en retirer enfin un plaisir déculpabilisé.

Réaliser ses fantasmes ?

Il est parfois difficile de faire la différence entre le fantasme, et la simple expression d'un désir qu'on aimerait assouvir. Passer une nuit torride avec George Clooney ou avec son petit cousin, un éphèbe de 15 ans, se prendre pour une strip-teaseuse à Hong Kong ou une infirmière nymphomane en blouse et porte-jarretelles, voilà de purs fantasmes irréalisables. Mais une sieste crapuleuse dans le foin ou à l'hôtel, une fessée ou un massage érotique au chocolat sont plutôt aisés à concrétiser, à partir du moment où l'on parvient à l'exprimer.

Les spécialistes parlent alors d'« actualiser » ses fantasmes. Généralement, un fantasme assouvi en génère un autre, plus complexe, plus audacieux que le précédent. La limite dans la réalisation du fantasme est souvent donnée par l'autre. Du moins devrait-elle l'être, car une expérience non désirée, tentée pour « faire plaisir à l'autre », tels l'échangisme ou le SM, où l'on met en danger ses propres limites, pourrait alors devenir source de traumatismes.

À l'inverse, « entre adultes consentants » le champ des possibles et de l'expérimentation est vaste, qui peut ouvrir sur de nouveaux plaisirs et surtout renouveler le désir.

5

LA MISE EN SCÈNE
DE LA SEXUALITÉ

Que l'on soit de nature joueuse ou pas, les rapports amoureux et sexuels portent toujours une part de représentation, de mise en scène. Lorsque celles-ci sont préméditées et assumées par les partenaires, la libido reste rarement insensible. Tout d'abord parce que toute mise en scène présuppose préparation, donc anticipation, et par conséquent excitation.

Les jeux de rôle

Sabine a 40 ans, elle est commerçante, et en couple depuis dix ans avec Gabriel.

Je ne sais pas si c'est la naissance de notre fille qui nous rendait moins disponibles, ou bien le temps qui avait passé, mais avec mon partenaire, le sexe était devenu un peu répétitif, un peu trop tranquille à mon goût. Un jour, j'ai changé de coupe de cheveux. Ça m'a donné une idée. J'ai envoyé un e-mail à Gabriel, très elliptique ; une adresse, une heure, c'est tout. Le connaissant, j'avais un peu peur qu'il râle, oublie ou ne vienne carrément pas à mon rendez-vous mystère. Mais il est venu. J'avais réservé une chambre dans un hôtel en inventant une réunion de travail comme pour me justifier auprès du réceptionniste, pris une nounou pour notre fille, et je m'étais transformée en une autre femme. Mes cheveux blonds coupés au carré m'avaient inspiré un look à la Kim Basinger dans *9 Semaines et demie* ! La surprise de mon homme l'a un peu inhibé, mais après une coupe de champagne il a joué le jeu, nous avons passé un moment renversant, à la fois drôle et très excitant. Depuis nous nous surprenons à tour de rôle. Parfois c'est lui qui me kidnappe pendant sa pause déjeuner. Il m'appelle une heure avant et me demande d'enlever mes sous-vêtements, et si possible de mettre une jupe. Nous faisons l'amour n'importe où, sous une porte cochère, dans les toilettes d'un restaurant. Le plaisir est fulgurant. Moi je suis adepte des messages textos ou e-mails, qui font monter l'excitation jusqu'à nos retrouvailles.

Sabine résume bien la montée du désir, qui peut s'accompagner d'une forme de trac, puis l'explosion d'adrénaline, comme au moment de monter sur scène. On ne parle pas de « jeu de rôle » pour rien. Entrer dans la peau d'une autre le temps d'un jeu, c'est aussi se permettre de dire et de faire des choses que nous n'oserions pas dans d'autres circonstances. Le jeu est un excellent médiateur pour faire passer des messages. Dans la peau d'une autre, nous pouvons plus aisément demander une fessée, une position inhabituelle ou n'importe quelle chose loin de notre quotidien.

Julie a 48 ans. Elle habite dans le Var, est infirmière. Depuis des années, son fantasme reste dans le domaine médical : elle s'amuse avec son mari à jouer à la patiente séduisant son médecin.

On adore tous les deux jouer à ce petit jeu. On prépare tout minutieusement, dans les moindres détails. Il est toujours médecin, et je suis toujours patiente, mais nous changeons de domaine presque à chaque fois. Mon mari est tour à tour dentiste, gynécologue, généraliste, masseur, psy, proctologue, radiologue ou chirurgien. On a aménagé une pièce à la cave. On a même acheté un fauteuil de dentiste dans une brocante, un brancard. Je m'habille dans des styles très différents, de nue sous mon manteau, à jean-tennis ou dessous affriolants, j'essaye toujours de le surprendre. On prépare tout par mail et à partir du moment où le moment est fixé, je ne pense plus à grand-chose d'autre. Même quand on fait l'amour avant la date fixée, on s'en parle pendant les rapports. Lorsque le jour arrive, le scénario ne varie pas beaucoup. Je frappe à la porte, il vient m'ouvrir, il m'examine, et c'est parti ! Nous changeons de personnalité à chaque fois. Je peux être tour à tour soumise, faussement timide, ou salope, et lui aussi. Ça peut durer des heures. Mais nous rêvons tous les deux de réaliser notre fantasme dans un vrai cabinet médical, un vrai siège de dentiste ou un vrai cabinet de gynécologue. Quand je me prépare, je me caresse en pensant à notre prochain rendez-vous, et je sais que lui aussi. Parfois, on trouve des trucs dans un vide-grenier ou une brocante, on se regarde, et on sait. Notre complicité est totale, comme si on n'avait jamais cessé d'être amoureux.

Si la complicité sexuelle a une fonction déterminante dans le rapport à l'autre, les fantasmes (partagés ou non) et la réalisation de jeux sont deux matrices qui permettent de régénérer désirs et plaisirs pour soi comme pour son partenaire.

De la transgression à la perversion, les sexualités différentes

Écrivain et journaliste, Agnès Giard nous apprend que la perversion est une « invention du XIXᵉ siècle, reposant sur le présupposé suivant : il y aurait des actes correspondant à une sexualité médicalement bonne et des actes "pervers" dénotant une sexualité anormale que l'on devrait traiter. Mais qu'est-ce qu'une sexualité anormale ? Les médecins qui mettent au point cette notion y regroupent des pratiques aussi différentes que le baiser, la masturbation, le goût pour les lingeries sexy, le cunnilingus ou la position en levrette... Pour eux, la perversion désigne tout ce qui ne relève pas directement de la fécondation. Bref, si l'on s'en tient à sa définition clinique, la perversion regroupe tous les actes procurant du plaisir ».

Autrefois, toutes ces pratiques étaient pénalement interdites ; les médecins se substituant aux curés, elles deviennent des pathologies qu'il faut soigner. En 1882, le psychiatre Krafft-Ebing, dans son best-seller *Psychopathia Sexualis*, établit la norme de la reproduction pour classer les dérives sexuelles. Ainsi, la pénétration vaginale et plus précisément en « missionnaire » devient la seule forme de sexualité admise par l'Église et l'État. Heureusement, les mentalités ont évolué, les corps face à face, l'homme dessus, la femme dessous, se sont rebellés et lorgnent volontiers vers le Kama-sutra. Rappelons-nous tout de même, dans un frisson d'horreur, que l'homosexualité ne fait plus partie des « troubles mentaux » mentionnés par l'Organisation mondiale de la santé que depuis 1973.

Mais pourquoi nous arrive-t-il encore de taxer de « malades », « déviants » ou « pervers » ceux qui jouissent autrement que dans un lit avec un membre du sexe opposé, qui ne se contentent pas de rapports classiques ? « Parce qu'il nous faut des boucs émissaires, facilement repérables par les gardiens de la société. On n'aurait plus qu'à mettre ces gens-là à l'écart du groupe, de sorte que tous les autres sauraient qu'ils sont normaux et hors d'atteinte de toute contamination », répond Yves Ferroul, professeur d'histoire de la sexologie pour qui les vrais pervers sont « ces femmes et ces hommes qui ne respectent pas la sexualité de leur conjoint ».

Pour Sylvain Mimoun, « si dans un couple, une femme ou un homme rabaisse son conjoint en y prenant plaisir, le prive de sa confiance, ou réprime ses désirs pour le maintenir sous sa coupe, on pourrait dire : c'est un(e) pervers(e). En revanche, si dans un jeu sado-masochiste les deux partenaires sont en phase, si le sadique fait du mal à l'autre et que l'autre est d'accord, si la règle du jeu c'est dès que le/la masochiste dit stop tout s'arrête, ce n'est pas une perversion parce que les deux personnes sont majeures et conscientes de ce qu'elles font. C'est une histoire privée, ça les concerne et personne n'a à s'en mêler ».

2 % ou 3 % de la population française se tournent un jour vers des orientations sexuelles dites différentes.

La science les nomme paraphilies, qui strictement désigne des déviances, mais plus généralement toute attraction ou pratique sexuelle qui diffère des actes sexuels considérés comme faisant partie d'une sexualité normale vis-à-vis des normes sociales.

Le BDSM

BDSM est l'acronyme usuel de Bondage-Discipline, Domination-Soumission, et Sado-Masochisme, regroupant un ensemble de pratiques considérées comme marginales, souvent qualifiées de jeux d'échange et de pouvoir.

« Qui n'a jamais joué, étant enfant, à la squaw attachée à un arbre, cernée par les Indiens ? nous demande Saskia Farber, auteure de l'article consacré au bondage sur SecondSexe. Ces instincts infantiles sont les mêmes qui nous poussent à avoir envie d'attacher ou d'être attachée lors d'un acte sexuel. » Le bondage tire ses origines d'une pratique japonaise médiévale. L'art s'est emparé de cette pratique sexuelle pour des raisons esthétisantes. Ces cordes s'incrustant dans les chairs des femmes, faisant ressortir leurs seins, leurs fesses, constituent un flash visuel incontestable et mémorable. Raison pour laquelle, selon Saskia Farber, cet usage a investi le domaine privé. Il s'agit d'un bondage « qui ne se pratique pas forcément avec de belles cordes blanches, mais avec tout lien de fortune qui est à portée de main... Immobiliser l'autre et prendre son contrôle, ou se faire immobiliser et perdre tout contrôle, est une pulsion humaine qui ne se manifeste pas forcément dans la sphère privée, mais également dans un contexte professionnel. Regardez autour de vous et demandez-vous si vous êtes dans l'un ou l'autre des cas de figure... La seule différence, c'est qu'au cours du jeu sexuel c'est vous qui choisirez votre rôle et c'est votre propre plaisir qui s'en trouvera décuplé.

Concernant la dernière partie de l'acronyme, le SM ou sadomasochisme a considérablement inspiré l'art et la littérature. Le premier terme de ce mot-valise, sado/sadisme, est évidemment un dérivé du nom du marquis de Sade, chantre de la transgression absolue et auteur dont les récits mettent souvent en scène des relations sexuelles fondées sur la souffrance et l'humiliation, dont l'apogée est le « meurtre de volupté », décrit dans *Les 120 Journées de Sodome* ; il s'applique à celui qui doit faire souffrir (physiquement ou psychiquement) l'objet de son désir pour parvenir au plaisir. Le second provient du nom de Sacher-Masoch, écrivain autrichien dont le roman *Vénus à la fourrure* raconte une relation amoureuse devenant progressivement une relation de domination. Le masochisme désigne donc celui qui doit ressentir cette douleur et la domination qui l'accompagne pour atteindre le même effet de plaisir.

Le sadomasochisme implique une relation de domination extrêmement codifiée. Les règles établies entre les partenaires fixent des limites dans les actes posés. Le terme sadique représente plus une personne dominante que malveillante dans ce cadre. Les pratiques SM s'appuient sur des mises en scène et des scénarios qui jouent sur la cérébralité, la frustration, la douleur, et sont souvent beaucoup plus visuels que sensuels : il arrive également que des participants ne touchent même pas la personne soumise à leurs jeux sadomasochistes. Pour Freud, ces préférences « hors normes » jouent avec les pulsions de vie, Éros, et les pulsions de mort, Thanatos, qui entrent en conflit lorsqu'elles ne sont pas sublimées et/ou refoulées. Ainsi le sadique renverse la situation en rejetant sur autrui son propre Thanatos (pulsion de mort) par des violences physiques, voire psychologiques, tandis que le masochiste retourne envers lui-même ses pulsions de mort. Ces pulsions confrontées à la libido créent une association psychique chez le masochiste du plaisir avec la douleur, de la culpabilité avec l'expiation. Enfin, toujours selon Freud, le masochiste est avant tout un sadique envers lui-même et finira presque toujours par renverser à son tour la situation.

Il reste que, au vu des témoignages reçus, les formes de SM sont, elles aussi, plurielles. Confiance et respect demeurent les règles premières, puis tout devient possible. Les rôles peuvent s'échanger, et souvent les motivations des sadiques ou des masochistes sont plus complexes qu'il n'y paraît.

Pour moi, nous confie Marguerite, 42 ans, au fond, le dominant veut faire plaisir au dominé. La plupart des gens font l'amalgame entre le SM que je pratique avec mon mari, ritualisé et très épanouissant, et les images qu'on voit sur Internet, où certains prennent prétexte du SM hard pour torturer des gens paumés. Je suis soumise mais je n'ai jamais l'impression de subir la situation, au contraire même. Si cela va trop loin à mon goût, mon mari le comprend immédiatement.

Ici encore, la limite est dans la tentative de catégorisation : ce qui est soft pour certains sera perçu comme hard pour d'autres. Pour Lacan, les limites sont celles de la loi. Or justement, l'institution suprême est elle aussi fluctuante : dans les pays occidentaux, le sadomasochisme n'est pas interdit par la loi s'il se pratique entre partenaires adultes consentants qui, souvent, établissent une relation de maître à esclave très stable. Cependant, la Cour européenne des droits de l'homme (CEDH) a statué dans l'affaire K. A. et D. D. en Belgique le 17 février 2005 contre une pratique du sadomasochisme si la personne « esclave » demandait de façon expresse mais aussi tacite l'arrêt de ces pratiques. Or, qui dit tacite dit équivoque. Surtout dans le SM où le soumis peut exprimer un « non » qui veut dire « oui ». À chacun de fixer ses propres limites et d'avoir suffisamment confiance en l'autre pour lui abandonner son corps ou au contraire pour jouir du sien.

Les caprices de l'imagination

Dans son livre *Le Sexe bizarre* (éd. du Cherche Midi), Agnès Giard a enquêté sur toutes les pratiques sexuelles étranges.

À force de les découvrir, j'en suis venue à penser que la libido humaine pouvait s'emparer des éléments les plus innocents de la vie quotidienne pour en faire les instruments d'une érotique féerie [...]. Rien n'est sacré. Et les

super-héros de bandes dessinées comme les icônes reli-
gieuses sont les premières victimes de cette propen-
sion universelle, presque blasphématoire, à détourner
les choses de leur destination première et à les convertir
en objets de désir [...]. Ces tribus ne rassemblent parfois
que quelques dizaines d'individus. Parce qu'ils pratiquent
le sexe bizarre, on pourrait croire qu'il s'agit de marginaux, voire d'inquiétants déséquilibrés... Mais non – de
façon presque décevante –, les membres de ces niches
érotiques ne sont pas forcément alternatifs, ni subver-
sifs. [...] Je croyais en l'existence d'une contre-culture
regroupant pêle-mêle tous les exclus du système dominant et j'ai finalement rencontré autant de machos
conformistes parmi eux ou de tranquilles femmes au
foyer que d'individus réellement en rupture avec les
normes morales de la société.

La diversité des propositions est très vaste, mais
quelques exemples méritent d'être évoqués, rien que
pour leur singularité : les *pedal pumpers*, les amoureux des femmes au volant, qui ne trouvent leur
plaisir qu'en regardant les pieds d'une femme sur
un accélérateur de voiture (plus particulièrement
des souliers à talons blancs sur les pédales d'une
Corvette 1959...). Les *rubber lovers* qui communient
dans l'amour du latex. Lors de bals très spéciaux, ils
arborent des tenues de héros de comics, ou de type
sadomasochiste, qui dépassent le seuil de banal
déguisement. Le latex est tellement couvrant que ces
rubber lovers, dans certains cas, doivent porter un
masque à gaz pour respirer ! Il y a également les
adeptes de l'écrabouillage (*trampling*), qui aiment se
faire piétiner par de très grosses femmes, ou les cello-

philes qui adorent se faire emmailloter pendant des heures dans de la Cellophane, seuls ou à plusieurs. Certains aiment se faire mettre sous vide à l'aide d'une machine spéciale inspirée des systèmes d'emballages industriels, ne respirant plus que par un tuyau, d'autres font l'amour aux extraterrestres. Évoquons encore les amateurs de « guili » (*tickling*), une sorte de sadomasochisme poilant qui consiste à chatouiller l'autre en guise de punition, ou enfin les nurseries pour adultes, où des hommes (et particulièrement des hommes de pouvoir), déguisés en bébé, se font changer, baigner, nourrir... ou fesser par d'efficaces nounous. Rien de plus bizarre et de moins érotique quand on ne partage pas ces goûts-là. Mais l'essentiel est le plaisir de ces amateurs et amatrices. Pour Agnès Giard, « maîtres de leur univers, ils construisent autour de ce qui, pour nous, paraît parfaitement ennuyeux ou inepte, une aventure dont ils sont les héros ».

6

LA SEXUALITÉ DES SENIORS

Peut-être est-ce l'effet du jeunisme ambiant ou d'un tabou persistant, en tout cas nous avons identifié un problème parmi notre entourage proche et les témoignages recueillis sur SecondSexe : en résumé, la femme qui a abordé la quarantaine – ou la cinquantaine – et qui divorce renonce à sa vie sexuelle. « Je suis trop vieille pour refaire ma vie, pour séduire à nouveau, je ne suis plus désirable, c'est foutu… », les entendons-nous dire.

Vous vous trompez !

Rétablissons une première vérité. Les hommes qui aiment vraiment le sexe ne sont pas systématiquement attirés par les jeunes filles, au contraire. Ils savent en effet qu'ils s'amuseront beaucoup plus avec une femme qui aura gagné en expérience et en confiance. Cela ne nous empêchera sûrement pas de comptabiliser rides et kilos en trop, mais écoutons les hommes, suivons leur regard. À leurs yeux, en effet, les femmes mûres sont séduisantes. Les plus jeunes d'entre eux peuvent même être très attirés par celles qui n'incarnent pas forcément un substitut maternel.

Yvan, 33 ans, célibataire, nous le confirme :

Bien sûr, je regarde les femmes de mon âge, ou plus jeunes encore, mais je suis littéralement bouleversé par les femmes qu'on dit mûres. Au-delà de 40 ans, les femmes ont gagné en assurance, mais une nouvelle fragilité s'installe. La peur de l'âge évidemment, la peur de ne plus pouvoir séduire. Moi je trouve au contraire que c'est à cet âge-là que les femmes commencent à être vraiment séduisantes. D'abord, quand je les approche, elles n'y croient pas ! Mais comme elles voient que j'insiste, que je suis sincère, elles se laissent approcher, puis toucher. Et si elles se laissent toucher, là, je suis sûr que je vais passer un moment fantastique avec elles. Pardon, je parle au pluriel, mais je n'ai jamais réussi à me caser, et j'ai eu beaucoup d'expériences avec des femmes beaucoup plus âgées que moi. Elles finissent toujours par partir d'ailleurs, c'est rarement moi qui pars. Le poids du regard des autres, les conventions sociales : *c'est elles qui n'assument pas d'être avec un gamin !* Moi, je suis super angoissé. Le fait d'être dans les bras d'une femme plus âgée que moi, c'est magique. Je me sens parfaitement en confiance, presque serein. Souvent, elles ont peur que je compare leur peau, leur corps avec ceux des femmes plus jeunes avec qui j'ai pu être. Mais pas du tout. Je les trouve incroyablement belles, et je ne pense pas du tout aux autres quand je suis avec elles. La plupart du temps, je suis trop amoureux pour penser à qui que ce soit d'autre ! C'est moi qui ai peur d'être maladroit, de ne pas savoir leur faire plaisir, de me laisser emporter par mon élan. Mon seul problème, c'est que je veux des enfants. Sinon, il est absolument certain que je voudrais passer ma vie avec une femme qui a au moins dix ans de plus que moi. D'ailleurs, je pense que c'est pour ça que je n'arrive pas à trouver la femme de ma vie. Elles sont toujours trop jeunes !

Comme Yvan, les amoureux des femmes plus âgées parlent de leur troublante féminité, de la confiance qu'elles ont en elles. Or, ce que nous envions aux grandes séductrices de tous âges, nous l'avons dit, c'est justement ça, cette assurance détachée, le contraire d'un narcissisme tout sauf désirable. Si nous n'avons pas reçu ce cadeau de nos parents, quelles qu'en soient les raisons, c'est en grandissant, en mûrissant, que nous le gagnons. Ainsi à 50 ans et plus, nous savons enfin qui nous sommes et ce que nous voulons. Plus le temps de faire de concessions et d'accepter une relation toxique, vouée à l'échec. Plus rien à prouver, tant dans la sphère familiale que professionnelle. Enfin, le temps de vivre, de goûter tous les plaisirs. En un mot, la sérénité. Nous pouvons donc sans culpabilité nous tourner vers nous-mêmes. Au sens figuré comme au sens propre. Car il n'est pas rare que les femmes découvrent l'orgasme à cet âge.

L'âge, parlons-en

– Une fille sur deux née aujourd'hui verra le XXIIe siècle.

– En 2050, pour la première fois dans l'histoire de l'humanité, les plus de 60 ans seront plus nombreux que les moins de 15 ans.

– Aujourd'hui, en France, on compte 11 000 centenaires. L'espérance de vie est de 78,7 ans pour les hommes et de 82,7 ans pour les femmes.

Avec les avancées médicales et scientifiques, la perception même de la vieillesse évolue. Pour Robert Rochefort, directeur du CREDOC, auteur de *Vive le papy boom*, « dans les années 30, les hommes et les femmes étaient vieux à 62 ans. En 1970, plutôt à 67 ans. En 1990, à 75 ans, et vers 2040, le seuil pourrait être repoussé à 82 ans ».

Désormais, à 50 ans, nous ne devons plus considérer que nous sommes sur une pente descendante, mais plutôt que nous entamons une seconde vie. Henriette était veuve depuis longtemps lorsqu'elle a rencontré René. Elle avait 75 ans et lui 80. Elle avait cessé d'attendre quoi que ce soit de la vie, elle attendait la mort sur le pas de sa porte. La rencontre avec René l'a transformée en jeune fille pimpante, contant sans cesse à ses voisines tout ce que René avait fait, ou n'avait pas fait, telle une adolescente. Leur amour a été une passion ardente, jusqu'à ce qu'Henriette meure, quelque temps plus tard. Pendant plus de six mois après sa disparition, le voisinage a été ému de voir René continuer à errer dans le quartier, à la recherche d'une trace, d'un signe, d'un souvenir de cette femme qui l'avait bouleversé.

Ciblées par la pub

Jean Paul Gaultier, provocateur-né, secoue le monde de la mode en 1998 en faisant défiler des mannequins « seniors ». Le terme n'est pas encore employé à l'époque, mais le choix de Gaultier est plus que symbolique. La mode et donc l'apparence, la séduction, la beauté ne sont plus réservées aux jeunes créatures.

Gaultier a ouvert une voie jusque-là parfaitement taboue. Le premier, il a compris que les gens d'âge « respectable », comme on dit, devaient être respectés au-delà de la politesse. Qu'avec les progrès scientifiques ils allaient prendre de plus en plus de place, qu'ils avaient l'argent et le temps de le dépenser. L'industrie cosmétique a vite suivi cette intuition ; les crèmes « peaux matures » font fureur, portées par des égéries qui affichent pattes-d'oie et cheveux gris, comme Dayle Haddon, 55 ans, la première, ou cette femme de 96 ans qui vantait en 2006 les bienfaits d'un célèbre savon. Anne Demeulemeester, créatrice de mode, a également fait défiler vingt jeunes gens en noir et dix mannequins seniors, en blanc, la couleur de la (re)naissance. Mais la mode n'est pas le monde. La directrice de l'agence de mannequins seniors Masters, Sylvie Fabregon, nous indique qu'un mannequin passe dans la catégorie seniors vers 40 ans. Plus précisément, à partir du moment où les jeunes de 20 ans vont dire « elle est vieille ».

Passé 40 ans, on joue sur la sérénité, la beauté, le charme, l'élégance. On ne joue plus sur la sexualité. Pas de mini-jupes ou de décolletés plongeants, mais un sourire, un apaisement communicatif. Parmi mes mannequins, il y a des femmes qui doutent et d'autres qui sont épanouies. Celles qui doutent sont plus fragiles. Je tente de les empêcher d'avoir recours à la chirurgie esthétique, souvent un vrai massacre. En fait, je constate que les femmes qui ne se sentent pas belles à 40 ou 50 ans ne se trouvaient pas belles non plus à 20 ou 30 ans. J'ai envie de leur dire que le regard que les autres leur portent n'a rien à voir avec le leur. De leur rappeler aussi que tous les caps de la vie sont difficiles à passer, l'adolescence est un moment beaucoup plus compliqué à vivre que le passage à la cinquantaine. Mais chaque chose en son temps. J'ai créé l'agence en 2004. J'avais à l'origine 400 mannequins. Aujourd'hui, ils sont 1 400. La demande de mannequins seniors ne cesse d'augmenter, je crois que tout le monde est en train de comprendre que les gens ont besoin de réalité. C'est un signe des temps.

Le temps de la sagesse serait-il arrivé ? C'est ce qu'affirme Christophe Fillâtre, directeur général de Carré Noir, filiale de Publicis.

L'image des femmes a considérablement évolué dans la pub ces dernières années. Avant-hier, dans les années 50-60, la femme était la fée du logis, celle qui gérait son intérieur, maison-enfants-transmission. La société, totalement androcentrique, était très archaïque dans sa vision de la femme. Hier, dans les années 70-80, soit après 68, on était dans l'extrême inverse. La superwoman en phase de conquête agressive qui s'appropriait les attributs masculins en disant « non seulement je peux faire la même chose qu'eux », mais en outre, « je peux faire plus », et finalement « je veux tout ». La campagne d'une célèbre marque de vêtements – qui faisait disparaître sous le regard dominateur de jeunes femmes conquérantes les hommes dans les toilettes ou dans le siphon d'une douche – a sans doute marqué la fin de cette période agressive. Aujourd'hui, nous tendons à l'apaisement. On est davantage dans l'épanouissement, l'émotionnel, convaincus que la segmentation n'est plus la bonne solution. Les femmes ont aujourd'hui une réaction de rejet, presque une répulsion envers ce qui est marketé spécialement pour elles. Je l'ai constaté récemment lorsqu'une marque de vin a sorti un millésime « spécial femmes ». Cela n'a pas marché, et signe des signes, les magazines féminins n'en ont pas parlé. La pensée marketing est encore en retard par rapport à la réalité. On ne peut plus imposer un discours ou une attitude. Grâce au Web, les choses vont changer très vite. Maintenant les gens discutent entre eux, choisissent, comparent, se font leur opinion. Le discours autoritaire des marques pour impulser des comportements (par exemple complexer les femmes pour qu'elles achètent le produit miracle) ne sera bientôt plus possible. L'arrivée des seniors dans la pub et sur les podiums ne signifie pas seulement que c'est une cible juteuse. Après avoir été dans l'hypersegmentation, on ouvre, on mélange, on hybride. Aux seniors comme aux autres. Parce qu'on s'est rendu compte qu'une même personne représente plusieurs cibles. L'une des célèbres petites voitures récentes ciblait les jeunes. Résultat, ce sont les seniors qui l'ont achetée, aussi parce qu'on se voit plus jeune qu'on est. Ce qui se passe en ce moment avec l'émergence des seniors dans la pub, c'est juste une redistribution. Ce qui compte aujourd'hui pour la publicité, c'est l'individu, assumé, revendiqué.

Tout compte fait, quoi qu'en disent les publicitaires, et l'exemple de la voiture en est la preuve : ce qui compte dans notre société, c'est de faire jeune ; et la publicité ne se gêne pas pour nous vendre des succédanés de jeunesse. Et cela fonctionne puisque, à en croire une étude, nous nous voyons neuf ans plus jeunes en moyenne que notre âge réel. Et plus l'on vieillit, plus on a tendance à se rajeunir. Ce serait : « L'effet vertueux de ce déni de vieillesse ».

Le sexe et la ménopause

Les résultats de l'étude de l'INSERM-INED menée par Nathalie Bajos et Michel Bozon sont plutôt

97

encourageants de ce point de vue. « La sexualité est aujourd'hui plus qu'hier présente chez les hommes et les femmes de plus de 50 ans vivant en couple. Alors que, dans les années 70, 51 % des femmes et 38 % des hommes mariés de 50 ans ou plus n'avaient pas eu de rapports sexuels au cours des douze derniers mois, ce n'est aujourd'hui le cas que de 7,2 % des femmes et 2,3 % des hommes de 50 à 69 ans vivant en couple. Alors que dans les années 70 la ménopause signait bien souvent la fin de la vie sexuelle, ce n'est pratiquement plus le cas aujourd'hui. » Ces chiffres sont peut-être à prendre avec des pincettes : nous sommes toutes tentées de donner ce que nous pensons être une bonne image de nous-mêmes (un peu comme dans les sondages télé : tout le monde aime Arte, mais dans la réalité des chiffres, c'est clairement TF1 le leader). Mais ce qu'il est intéressant de noter, c'est que l'activité sexuelle des femmes continue à s'épanouir à des âges avancés.

Malgré les bons résultats de cette enquête, une autre étude, canadienne cette fois, réalisée au même moment (par le laboratoire Pfizer, fabricant du Viagra), intitulée « Les baby-boomers au lit. Attitudes, opinions et comportements sexuels de la génération des baby-boomers », révèle que 40 % des femmes et 70 % des hommes redoutent un effritement de leur vie sexuelle après 50 ans. La sexologue et spécialiste des relations conjugales Diane Brouillette commente cette étude et explique :

Malheureusement, la diminution des réactions physio-logiques sexuelles associée à l'anxiété de la performance

98

favorise l'apparition de dysfonctions sexuelles, dont principalement les difficultés érectiles, la baisse du désir sexuel, et la diminution de la fréquence des relations sexuelles. Alors que nous avançons en âge, les dysfonctions sexuelles ne sont pas seulement très courantes, elles sont prévisibles et doivent être abordées de façon sensée et empathique.

Le signe de passage à un autre âge est sans conteste la ménopause, bien qu'elle soit vécue très différemment selon les femmes. Certaines ne se rendront compte de rien, d'autres seront très gênées dans leur vie quotidienne par tous les effets secondaires liés au bouleversement hormonal : bouffées de chaleur, irritabilité, prise de poids, dépression. Intimement, la ménopause n'est pas anodine, pas plus que l'andropause chez l'homme. Leur érection mettra plus de temps à s'installer, mais une fois présente, elle pourra se maintenir sans problème. Chez les femmes, la lubrification vaginale moins abondante, le relâchement des tissus, la loi de la pesanteur agissant sur la poitrine peuvent perturber les rapports et endommager l'image de soi. La charge symbolique que représente ce passage peut être encore plus douloureuse. Passer d'une femme potentiellement procréatrice à une femme infertile provoque chez la plupart des femmes un sentiment d'amoindrissement, d'autant que les hommes, eux, ne perdent pas ce pouvoir. C'est d'ailleurs à cet âge que les divorces se multiplient (après 60 ans, il y a 28 % de divorces en plus chez les femmes et 39 % chez les hommes). Certes les raisons sont multiples. Certaines femmes attendent cet âge pour comprendre ou se donner le droit de quitter un homme qui ne les rend pas heureuses. Certains hommes, eux, iront se rassurer dans les bras de femmes plus jeunes, laissant leurs anciennes épouses effondrées ; des épouses qui ne les laissaient parfois plus les toucher depuis de nombreuses années...

Et la tendresse, bordel !

Les médecins sont d'accord : plus l'on maintient une activité sexuelle régulière, moins les désagréments liés à la ménopause se feront sentir.

Le docteur Diane Brouillette retient plusieurs facteurs indispensables à la continuité de bonnes relations sexuelles dans un couple de plus de 50 ans. Continuant de réagir à l'enquête sur les papy-boomers, elle confie :

> À ma grande surprise, j'ai constaté que 15 % des papy-boomers n'embrassent ou n'enlacent jamais leur partenaire. 20 % ne le font qu'une ou deux fois par mois, et seulement 39 % manifestent ce type d'affection au quotidien. En vieillissant, il est primordial de trouver des façons de multiplier les contacts physiques et de renforcer les liens du couple, au lit comme au quotidien. Les jeux de séduction et le plaisir sexuel procurent un plaisir de vivre. N'oubliez pas que les troubles sexuels naissent souvent d'un état de stress. Tous les problèmes diagnostiqués comme non organiques par votre médecin sont fondés sur un facteur émotif quelconque. Il faut accepter que votre vie sexuelle se transforme avec l'âge.

Accepter la transformation, c'est aussi savoir anticiper. Les préliminaires, tellement importants pour garder une vie sexuelle épanouie, deviennent non pas indispensables mais fondamentaux. De même, l'inventivité, l'imagination dont nous parlons sans cesse dans ce livre permettent de pallier ces changements de cap. Les jeux amoureux, avec ou sans jouets sexuels, déconnectent la sexualité de la réalité et en font des moments de plaisir intenses. Si la libido disparaît à ce moment-là, les raisons sont ailleurs : une façon de mettre une croix sur des rapports insatisfaisants depuis longtemps, la dépression liée aux changements de vie (arrêt de la vie professionnelle, départ des enfants, attention du partenaire qui diminue...). Celles qui décident d'arrêter (car inconsciemment, elles le décident) sont dans la continuité logique de ce qu'elles ont vécu ou subi jusque-là. A *contrario*, les femmes ayant le goût du plaisir ne le verront pas s'envoler subitement et ne verront pour la plupart d'entre elles que peu de différences entre l'avant et l'après ménopause. Sans compter les femmes qui ne découvrent l'orgasme qu'après la ménopause !

Jouir sans fin

Les relations sexuelles contribuent à nous apaiser. À nous faire voir la vie autrement. À nous faire vivre plus longtemps peut-être... C'est du moins l'avis de Rosemonde Pujol, journaliste et écrivain qui a publié à 91 ans *Le Vingtième Sexe*, un an après *Un petit bout de bonheur, petit manuel de clitologie*. Voilà donc une nonagénaire faisant l'éloge du clitoris comme secret de bonheur et de bonne humeur tout au long de la vie, confiant qu'elle-même se masturbe au moins deux fois par semaine et qu'elle n'est pas près de s'arrêter. Elle se demande même (en faisant référence à Lucy Vincent, neurobiologiste et auteur de nombreux livres chez Odile Jacob) sur le processus amoureux si le fait de se masturber, en libérant des ocytocines, « hormones du bien-être », ne favoriserait pas la prévention contre la maladie d'Alzheimer. Suivons-la bien : si je me masturbe, je libère les neuro-hormones du bien-être, donc je ne rouille pas sur le terrain sexuel, j'entretiens le « jardin extraordinaire » par mon imagination et ma curiosité, et je ne rouille pas non plus sur le terrain intellectuel puisque tout ce réseau neuro-hormonal est connecté. Pourquoi pas ? Rosemonde Pujol est en tout cas un flagrant exemple d'épanouissement et de vivacité tant physiques qu'intellectuels. Elle avoue cependant avoir été un peu montrée du doigt dans son village à la sortie de son premier livre. Comme deux vieilles femmes la regardaient bizarrement un jour, la bouchère lui avoua : « Elles ne vous aiment pas beaucoup parce qu'il paraît que vous parlez de choses qui sont entre les jambes et que c'est pas bien... » À cela, Rosemonde de répondre :

> Les femmes qui refusent le plaisir ne s'assument pas, ni sociologiquement ni physiologiquement. Ces deux femmes sont à plaindre, elles ne savent pas ce que désir ou plaisir veulent dire. À la sortie de mon livre sur le clitoris, c'est-à-dire sur le bonheur sexuel féminin, j'ai été sidérée par les réactions... des hommes ! Ce sont eux qui ont réagi en masse. Ils m'ont écrit, ils m'ont appelée, je n'en suis pas revenue. Et ce que j'entendais ou lisais disait

à peu près toujours la même chose. Je pense à cet ensei-
gnant qui m'a écrit ceci : « Beaucoup de femmes nous
déstabilisent et nous culpabilisent devant des demandes
simples et sensuelles (fellation, masturbation, épilation...).
C'est fou le peu de femmes qui vivent pleinement. J'aime
les femmes qui s'affirment. Où sont-elles, qui sont-elles ?
J'ai 62 ans et j'espère encore. » Eh oui ! Il y a des hommes
qui veulent encore bander ! Ils ont le Viagra, mais ils
cherchent une femme qui pourrait remplacer le Viagra,
une femme qui sache faire l'amour après 50 ans ! 100 % des
hommes qui m'ont jointe l'ont fait pour me demander
comment s'y prendre avec les femmes pour qu'elles
acceptent parfois simplement de se laisser toucher ! Et
comment s'y prendre pour qu'elles jouissent. Je pense à
un autre homme de 68 ans qui était entre deux femmes.
Sa femme, et sa maîtresse. Eh bien toutes les deux avaient
décidé que la boutique était fermée ! Je lui ai répondu
d'en choisir une troisième. *Si l'on avait davantage parlé du
clitoris, il y aurait eu pour les femmes le besoin de s'en servir,
comme c'est le cas pour les hommes avec la verge. À ne pas en
parler, c'est comme si on nous avait excisées.* Mais c'est sûr
que les femmes sont aussi responsables. Elles n'arrivent
pas à sortir du pli. Elles n'ont jamais envie parce que, se
sentant exclues, elles s'excluent elles-mêmes. Les femmes
s'« autotabouisent » ! J'ai pourtant reçu des lettres por-
teuses d'espoir, comme celle de ce couple de 73 ans qui
écrit : « Ma femme et moi-même sommes enchantés de
cette lecture. Nous avons toujours été des adeptes de jeux
sexuels mettant en valeur la fonction clitoridienne. Ma
femme n'a pas souvent des orgasmes par pénétration,
mais elle éprouve des orgasmes par masturbation. Alors
nous mettons en œuvre notre imagination pour la satisfaire et nous satisfaire. » Ça, c'est merveilleux ! Pour garder le désir, il faut de l'imagination. Une fois la période du
coup de foudre passée (soit trois ans selon les spécialistes),

c'est sans cesse un entretien de soi-même avec l'autre. Mais attention, chez les seniors comme on dit, il faut se méfier des drogues. On nous drogue, nous les vieux, pour faire de nous de juteuses carcasses. Mais les drogues enlèvent tout désir et toute curiosité, donc toute possibilité d'avoir une vie sexuelle épanouie. Moi j'ai eu de la chance. Ma mère qui m'a eue en 1917, seule (j'étais ce qu'on appelle une enfant naturelle), m'a tout appris. Elle était une esclave de son temps qui m'a transmis le goût de la liberté. Et surtout, pour elle, rien n'était tabou. Cette transmission-là est plus que précieuse... Je viens d'avoir 91 ans, et je vous garantis que ça marche toujours très bien !

Ce qui est le cas, pour d'autres heureusement, telle Françoise, 82 ans. Lors d'une fête familiale, elle a présenté Lucien, de cinq ans son aîné, à sa fille et à ses petites-filles. Elle cachait dans l'ombre son nouveau compagnon depuis un an. Sa fille, âgée d'une cinquantaine d'années, élevant seule ses filles depuis des années déjà, et donc maîtresse à bord de ce gynécée, n'a pas vu l'arrivée de Lucien d'un très bon œil. Ce débordement d'amour et d'enthousiasme, cette énergie nouvelle, mais surtout cette intimité dévoilée, sont quelquefois insupportables aux descendants, à l'entourage.

Femmes mûres et célèbres, elles brisent le tabou

La voix de certaines personnes publiques se fait entendre de plus en plus sur ce sujet. Macha Méril en a même fait un livre en 2005, *Biographie d'un sexe ordinaire*, dans lequel elle raconte sa vie de femme en quête du bonheur et de l'épanouissement sexuel. Nous la découvrons dans son livre très libre, très à l'aise avec ce sujet. Nos conversations avec elle ont été de la même teneur, un témoignage qui nous assure que si l'on n'a plus 20 ans on peut non seulement être toujours séduisante, mais aussi épanouie et apaisée :

> J'ai compris très jeune la force de la sexualité, du pouvoir de séduction. J'ai su très tôt que le pouvoir d'exister, d'être un individu passait par la sexualité. J'ai compris tout ça instinctivement, parce que je sentais le regard des hommes sur moi, mais la sexualité a pris sa vraie place dans ma vie très tard. Après 40 ans. Au moment où je n'ai plus subi, mais décidé. Bien sûr j'avais découvert avant la masturbation, cette vibration très amusante, légère. Mais l'orgasme ne vient selon moi que lorsque les deux femmes que l'on est, la femme sociale et la femme intime, sont en accord. Quand tout d'un coup on est en paix, en accord avec soi-même. Depuis Freud, on s'est beaucoup occupé du moi. Cet orgasme n'arrive vraiment que quand ce moi est en équilibre, quand il n'est plus inquiétant, plus en questionnement, mais en accord. Et ça, *ça arrive forcément tard ! Et là, on est prête à tout.* À s'adapter à l'autre. Les beaux orgasmes n'arrivent que dans ce cadre-là. On peut dire qu'il y a des orgasmes mineurs et des orgasmes majeurs. Je ne crois pas aux manipulations, aux talents des uns et des autres, habiles ou malhabiles, ce n'est pas de ça qu'il s'agit. Il y a une personne en particulier qui vous correspond (et parfois plusieurs personnes au cours d'une vie, c'est mon cas), et voilà.
>
> Ce qui est intéressant, c'est que, avec ma génération, on a été des pionnières. Mais aujourd'hui, on en est au

deuxième chapitre. On a l'âge que l'on a, et on s'aperçoit que, concernant cette indépendance, on ne peut pas faire de généralités. Il y a une infinie variété de femmes. L'accession de la femme à la liberté a été inouïe, mais par rapport au sexe, on constate qu'il y a chez les femmes, chez beaucoup de femmes, une forme de résistance, de rétention. Sexuellement, les choses n'ont pas tellement changé depuis 68. Certaines femmes ne sont pas intéressées par la question, et c'est leur droit. Mais est-ce qu'il ne faudrait pas un peu foutre la paix aux femmes sur ce terrain de la sexualité ? Est-ce qu'on n'a pas un peu diabolisé cette question de la frigidité comme si c'était une faute ? Il y a un peu de racisme là-dedans. Chacun est libre. En revanche, si c'est un terrain inconnu pour des femmes et qu'elles en souffrent, alors c'est différent. À celles-là, je conseillerai d'être indulgentes envers elles-mêmes et d'attendre. Il faut oublier, ne pas en faire une obsession. Et ça vient tout seul. Comme une entrée en scène, il faut oublier le trac, on n'a pas le choix. Surtout, il ne faut pas culpabiliser, et toujours garder en tête qu'il y a beaucoup de vantardises dans les propos des femmes sur ce sujet.

Est-ce que la vie sexuelle s'arrête avec le temps ? Moi je pense que non. *La femme est intacte jusqu'au bout.* Et il y a maintenant des traitements hormonaux magnifiques qui compensent les carences. Je ne comprends pas qu'il y ait encore des femmes qui résistent et refusent de les prendre. Les bienfaits sont fondamentaux : la lubrification du vagin et de la vulve. Tant qu'elle est en état de marche, une femme peut avoir des orgasmes. Et la maturité apporte quelque chose en plus, c'est certain. Je pense qu'il y a dans la relation à l'autre une tendresse et une patience qui ne viennent que quand on a déjà quelques heures de vol, quand on n'est plus dans la frénésie, la rage. Le plus bel orgasme est celui qui naît de cette extraordinaire tendresse. Alors oui, il faut un peu plus le préparer, le mettre en scène. Il vaut mieux qu'il y ait un feu de cheminée, un verre de vin, de beaux vêtements, un lit douillet... Et cette autre dimension arrive, qui est vraiment celle du plaisir. Le plaisir ne vient qu'avec la connaissance. Dans tous les domaines. Il faut éduquer son palais, éduquer son oreille, éduquer ses sens, éduquer son sexe. Antonioni, qui m'a courtisée, m'a dit qu'il ne faisait l'amour qu'une fois par an et que c'était une ascension particulière à laquelle il se préparait longuement. Je n'irais pas jusque-là, mais je le comprends. Et puis, il faut s'aimer. Surtout ne pas se comparer. Si l'on arrive à faire la paix avec soi-même, on devient très attirante pour un homme. Les femmes qui aiment n'ont pas peur de se soumettre. Elles n'ont pas peur d'y perdre quelque chose. Et les hommes adorent ça. Pour vous dire la vérité, je n'y suis pas encore tout à fait parvenue. Car il y a la lutte pour la vie qui peut créer des blocages. Il faut du temps. L'amour nécessite du temps. Il faut lâcher toutes les autres bagarres qu'on a à mener. Le monde est fait de façon à gâcher l'amour.

La question n° 1 est la question du désir. Mais souvent on est encombré, classé, classifié, marketé. Ce qu'il ne faut jamais oublier, c'est qu'une femme mûre a des armes énormes pour séduire. J'ai aimé plusieurs fois des hommes plus jeunes que moi et je vous assure que ce n'est pas moi qui suis allée les chercher ! Ils ont été attirés parce que j'avais plus de liberté que les jeunes. Et ça, ça donne une aura particulière à une femme de plus de 50 ans. Et puis j'ai dit qu'on était en paix avec soi-même, ça ne veut pas dire qu'on est sage, loin de là, on est beaucoup moins sage que lorsqu'on est jeune ! On peut être très, très séduisante après 50 ans, et toutes les femmes devraient en être persuadées...

Seconde partie

LE SEXE SOCIAL

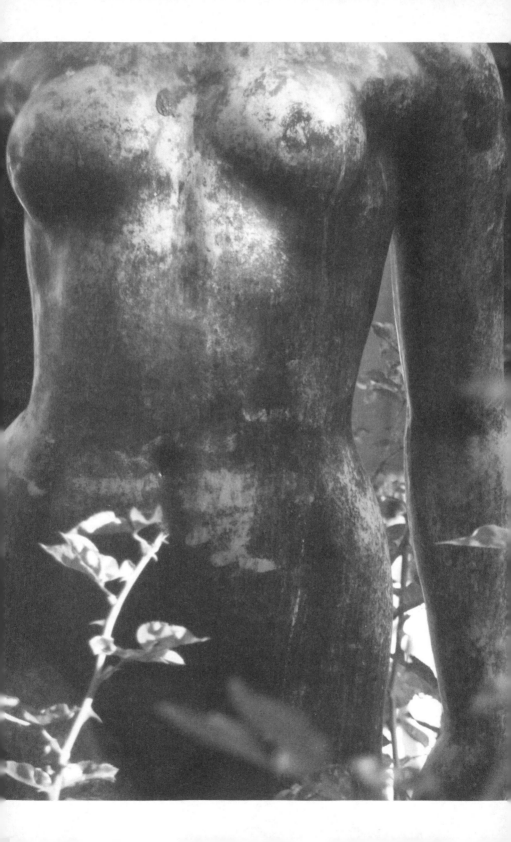

7

LA RÉPUBLIQUE
PORNOCRATIQUE

Le sexe est partout. Nous vivons dans un corps sexué, nous l'avons vu, mais aussi dans un climat sexuel. Avant d'apprécier les multiples formes de cette néoculture, et d'en extraire ce qui nous semble favorable à un intime épanouissement, tentons de déchiffrer les enjeux qui, en filigrane, opposent deux visions de la sexualité.

Thèse : trop de sexe tue le sexe

À la faveur d'une abondante littérature psycho-anthropo-culturelle, divers experts nous proposent depuis quelques années une lecture critique de cette société dite hypersexuelle. Albert Doillon (*Le Dico du sexe*) a même inventé le terme de « sexomania » pour décrire cette folie du sexe relayée par tous les médias sans exception, qui « alimentent et attisent en permanence, au point d'alerter les pouvoirs publics sur des problèmes tels que celui de la prostitution venue de l'Est, ou celui de la diffusion des films hard à la télévision ».

Pour Xavier Deleu, il s'agit plutôt d'une cacophonie sexuelle qui « conduit à la saturation de l'espace public sous l'effet de l'accumulation de signes érotiques » (*Le Consensus pornographique*).

Les femmes « sexe-priment » (à nous de faire dans le néologisme !) aussi beaucoup, notamment dans le cercle des féministes, qui s'alarment vivement de cette avalanche de mots et d'images obscènes – littéralement, qui « révolte » la pudeur. Sur le site féministe québécois Sysyphe.org, même métaphore bruitiste pour déplorer le « vacarme sexuel » assourdissant. Avec justesse, on nous rappelle un fait : la toile est submergée par les sites à contenu sexuel, puisque environ 70 % du contenu du Web concerne le sexe ou est lié au sexe. Et de citer une étude menée en 2004 par la N2H2, une société américaine spécialisée dans le filtrage de contenus sur le réseau, qui estimait déjà à l'époque le nombre de pages pornographiques sur le Web à 260 millions, soit 1 800 fois de plus que cinq ans plus tôt, et à 25 % de la recherche en ligne la part concernant des sites au contenu pornographique.

D'autres chiffres, comme les quelque 3 à 5 milliards de dollars de chiffre d'affaires annuel, semblent énerver les auteurs de ce site.

> Nous sommes dans une ère de perpétuelle provocation érotique, d'une sollicitation sexuelle permanente. L'époque n'est plus à la suggestion, mais plutôt à l'exhibition et à l'ordonnance de normes à suivre. Ce qui est nouveau depuis les années 90, c'est la « pornographisation », c'est-à-dire le recyclage d'archétypes pornogra-

phiques dans la publicité, la littérature, la télévision, la presse écrite, la mode, les comportements sexuels, les fantasmes sexuels, etc.

Là-dessus nous sommes d'accord, nous allons même tenter de décrypter le phagocytage de notre culture par le sexuel.

Le féminisme en question

Loin de nous l'idée d'incriminer le féminisme. Comme le dit Ariane Émond, cofondatrice du magazine féministe *La Vie en rose* (le Devoir.com) : « Les féministes ont lancé de grands cris d'alarme dans les années 80 en constatant la banalisation de la pornographie et la colonisation de nos pratiques sexuelles. » Mais en les entendant combattre si farouchement cette marchandisation de la sexualité, les détracteurs du féminisme n'ont pas eu de mal à conclure, même à tort, que les féministes détestaient les hommes et le sexe, alors qu'elles ont joué un rôle pédagogique fondamental durant les années de la révolution sexuelle. La parole féministe nous ravit encore, surtout lorsqu'elle réagit aux suspicions de misandrie :

Depuis quand voulons-nous que les hommes soient à notre botte ? Dans nos rêves les plus féministes, nous les imaginons plutôt debout et nombreux à nos côtés pour changer le monde ! Le vrai pouvoir sur nos vies, ce n'est pas dans une domination à rebours qu'il se trouve. Nous devons réfléchir avec les plus jeunes femmes.

113

Nous devons aussi interroger les hommes, jeunes et plus vieux, sur la sexualisation de l'espace public. Même si une partie d'entre eux profitent d'une offre sexuelle débridée, je crois que leur discours révélera un malaise. Pourquoi, sinon, retrouverait-on autant de gars de 20 ou 25 ans en panne de désir, hantés par le vide, ayant perdu l'appétit de vivre ?

Mais, notre consensus achoppe là où ces intellectuel(le)s voient dans toute manifestation du sexuel une déliquescence sociale. Les femmes totalement libérées seraient forcément manipulées, des victimes perdues.

Un autre article de Sysyphe.org cite un sondage mené par le Kinsey Institute en 2004 pour étayer sa lutte contre la pornographie. Ce sondage révèle que 86 % des répondant(e)s croient que la pornographie peut éduquer les gens et 68 % pensent qu'elle permet une attitude plus ouverte sur la sexualité, y compris la leur, en propre. La majorité de répondant(e)s affirme que les images pornographiques peuvent inspirer leur vie sexuelle et leurs désirs ou fantasmes. Pourquoi ces chiffres provoquent-ils l'ire des auteurs ? Pourquoi parler d'une sexualité « sans richesse » *(sic)*, sous-entendu déviante ou malsaine, parce qu'elle est en corrélation avec le pornographique ? « Tout est permis... sauf la pornographie », écrivait Claude Simon au début d'*Acacia*.

Qu'on se préoccupe de la sexualisation précoce des jeunes est une chose, qu'on la censure à l'aune de principes vieillissants en est une autre. Et par ailleurs, pourquoi parle-t-on des risques d'hyper-sexualisation chez les filles et pas chez les garçons ?

Un présupposé toujours vivant laisse croire que l'hypersexualité des jeunes garçons est naturelle et qu'elle se réglera en grandissant, contrairement à celle des filles, qui est nécessairement pathologique et qui aura des conséquences irréparables sur leur santé mentale.

On peut ainsi se demander avec la psychologue Johanne Angeli qui répond à la féministe Ariane Émond si « ce n'est pas le regard de la société qui fait encore et toujours de la sexualité des filles un sujet d'angoisse, pour ne pas dire un problème ».

Antithèse : et si on relativisait ?

Johanne Angeli nous rappelle que presque toutes les jeunes filles, à l'âge de la puberté, ont des poussées d'hormones qui éveillent leur désir et les incitent à entamer une sexualité active.

« Bien avant les "ravages" d'Internet, des filles comme des garçons allaient fouiller dans les placards de leurs parents pour y trouver des films pornographiques. »

Derrière cette angoisse collective au sujet de l'hypersexualisation, se dissimule encore un certain sexisme. Les filles jugées précoces se voient prédire un destin de nymphomane, de prostituée... Un raisonnement qui n'est jamais appliqué aux garçons, dont on suppose qu'ils seront à même de mesurer leurs appétits et d'entamer une vie amoureuse saine.

Ce qui est oublié ici, ce sont les effets désastreux d'une négation de la sexualité chez les adolescentes pour celles qui ont vécu une poussée hormonale et qui ont eu le « malheur » de croire qu'elles pouvaient y laisser libre cours comme les garçons. La pression sociale qui s'abat alors sur elles par le biais de leur famille en premier lieu, en leur exprimant qu'elles ont fait quelque chose de contraire à la nature (non sexuelle) des filles, est tout aussi susceptible de les mener à une baisse d'estime d'elles-mêmes, conclut Johanne Angeli.

Enfin, il nous semble aussi utile d'opposer une certaine relativisation aux constats alarmistes – même si, nous y reviendrons, les écueils sont nombreux – concernant les nouvelles pratiques sexuelles des adolescents. N'oublie-t-on pas que l'évolution qui a bouleversé la sexualité des adultes d'aujourd'hui gagne celle des plus jeunes ? Pourquoi garçons et filles se limiteraient-ils aux pratiques qui avaient cours il y a trente ans ?

Synthèse : le sexe comme antiscandale

La pornographie incarne désormais la limite, seule inconvenance dans notre monde prétendument libéré. Seule, stigmatisée, mais néanmoins s'autosatisfaisant et satisfaisant semble-t-il un grand nombre de consommateurs. La sociologue Irène Théry (*La Distinction de sexe*, Odile Jacob) analyse ce phénomène à la lueur de la laïcisation de la société.

La relation fondamentale à Dieu a disparu, ou s'est privatisée dans la foi personnelle. La misère de l'homme déchu a laissé place à l'espoir d'une sexualité différente, plus libre et plus égale [...]. Et pourtant, de cette longue pratique de l'examen intérieur, [...] est restée la quête éperdue du point où l'on croira toucher enfin la singularité originelle de sa personnalité [...], la sensation et l'affect qui sonnent comme de la vérité naturelle du moi à l'état pur, et qu'on nomme aujourd'hui « la sexualité ».

Plus qu'une dérive sexuellement nocive, nous assistons sans doute à l'apparition d'un moi introspectif et surpuissant. En cette ère des apparences qui est la nôtre, le scandale arrive par ce que l'on ne voit pas, ce que l'on ne montre pas. Or aujourd'hui on montre, on voit, on dit le sexe. Sans tabou, le scandale et son attirant parfum s'évanouissent. Aussi interrogeons-nous nos propres limites, tout en assistant au recul croissant des limites sociales. Par là même, les injonctions au dépassement se mêlent à ce que l'on peut appeler une « porno-culture », tentaculaire et insatiable ; enrichissante si elle contribue à améliorer notre vie sexuelle, fallacieuse si c'est pour nous enfermer dans des procédés marketing (accentuer la frustration pour augmenter la consommation). Raison pour laquelle les voix se font plus nombreuses, qui en appellent à un boycott généralisé, à une censure à tout-va.

Nous voulons dire au contraire notre joie face à la créativité sexuelle, à l'ouverture des esprits et l'expression des corps.

8

TENDANCE X –
LE SEXE DANS TOUS SES ÉTATS

Il serait aisé de mêler notre voix à celles, souvent féminines, des détracteurs de « la porno » et de prendre des postures simplistes sans rien proposer. À lire la chroniqueuse américaine Ariel Levy, auteure des *Nouvelles Salopes*, « ces femmes qui nagent en pleine culture sexe considèrent les hommes comme supérieurs [...], veulent être comme des mecs ».

Avis à nos lecteurs : nous aimons assez les mecs pour ne pas avoir à les surestimer ou les copier. Être des femmes nous plaît. En outre, nous n'y nageons pas, mais nous nous intéressons de près à cette « culture cul » dont Ariel Levy parle. Contrairement à elle, nous pensons qu'elle peut être une ouverture aux possibilités et aux mystères de la sexualité, tout en nous méfiant activement des effets secondaires indésirables, notamment des récupérations commerciales.

Nous le dirons tout au long de notre décryptage de cette porno-culture, nous devons être encore plus exigeantes et critiques à son endroit. Mais pas question de faire l'amalgame, de tout renier en bloc, la mine dégoûtée et la morale offusquée. Nous consommons, nous voyageons, bref nous vivons dans cette société. Ses dérives comme ses ressources sont de notre responsabilité. C'est un monde des possibles. À nous de choisir et d'y prendre ce qui nous est bon.

En tout cas, à défaut d'être aveugles, soyons informées.

Les médias

Les médias en général et la télévision en particulier (qui comprend aussi la web-tv) sont bien entendu les vecteurs principaux d'une sexualité devenue, par leur intermédiaire même, omniprésente. Quelques piqûres de rappel :

1976 : sur France Inter, la psychanalyste Françoise Dolto anime l'émission *Lorsque l'enfant paraît* où elle aborde aussi des sujets d'ordre sexuel. Vif et immédiat succès.

1983 : Pascale Breugnot et le psychanalyste Serge Leclaire présentent la première émission télévisée de *Psy Show*. L'émission fait scandale : un couple gérant une station-service y présente devant la France entière son problème sexuel, en l'occurrence l'éjaculation précoce...

Pascale Breugnot est considérée comme la pionnière du sexe à la télé, ayant créé à sa manière dans les années 80-90 la révolution sexuelle du PAF. *Psy Show* avait même en son temps fait l'objet d'une question à l'Assemblée nationale. *Psy Show* et *Sexy Folies* ont fait des petits, et aujourd'hui on assiste à une prolifération, toutes chaînes confondues, d'émissions de télévision abordant les problèmes sexuels des gens (toutes les émissions de témoignages, de Mireille Dumas à Jean-Luc Delarue, des émissions spéciales dédiées à la sexualité, *Sex in the TV*, *Sexualité si on en parlait*, *C'est quoi l'amour*, *Confession intime*...). Les moins de 20 ans ont aujourd'hui l'habitude de voir du « sexe » et d'en entendre parler.

Depuis presque dix ans maintenant, avec l'avènement de la télé-réalité, les gens ne viennent plus seulement parler de leurs problèmes sexuels à la télévision, ils viennent les vivre en direct. Loana dans la piscine du *Loft* était la première, depuis, *Secret Story* ou *L'Île de la tentation* ont pris le relais dans le but très clairement affiché de voir les protagonistes s'accoupler à l'antenne. Pari réussi pour les producteurs ayant pris la précaution de prévoir des dortoirs ou des lits géants pour encourager la camaraderie. Cerise sur le gâteau, la dernière saison de *Secret Story* avait aménagé une nouvelle pièce dans la maison, destinée spécifiquement aux ébats. Nous n'échapperons sans doute pas à certains programmes existant déjà au Danemark dans lesquels les volontaires passent plusieurs mois enchaînés les uns aux autres, obligés à faire tout, absolument tout, ensemble. Dans la course à l'audience, les chaînes de télévision ne reculent devant rien. Et devant la nouvelle concurrence des chaînes du câble/satellite et de la TNT, elles surenchérissent par du coaching sexuel ou des « bachelors » de combat faisant leur marché sexuel parmi de jolies nymphettes ou des femmes obèses. Nous n'avons pas trouvé trace d'un seul programme télévisuel qui témoigne d'un véritable intérêt, et d'une réelle utilité pour la sexualité.

Ce qui compte c'est le sexe, donné en pâture. La télévision semble le seul domaine où il n'y ait eu pour le moment *que* de la surenchère sexuelle. Elle montre de plus en plus, avec de moins en moins de retenue, arborant tout juste un « interdit aux moins de 10, 12 ou 16 ans », là où les autres médias semblent avoir déjà opéré un léger retour en arrière...

La publicité

C'est le cas de la publicité. Plus qu'un retour en arrière, nous allons vers moins de sexe à l'image et dans les messages, c'est ce que nous affirme Michel Perret, directeur général responsable du planning stratégique de l'agence Leo Burnett. La raison de cette évolution ? La télévision, précisément.

> Si l'on regarde les dix dernières années, nous dit-il, c'est la télé-réalité qui nous a ramenés à plus de vérité. Le retour à une autre réalité est une tendance qui se confirme. C'est le cas de la campagne récente pour une marque de savon qui montre de vraies femmes avec des seins qui tombent un peu, des vraies formes, de la cellulite. Avec cette campagne, la marque a vu ses ventes se multiplier par sept. Ça, c'est une prime à la sincérité. Pourtant peu de marques y croient, malgré cet exemple. Les gens évoluent plus vite que la pub. Pourtant les Français sont de moins en moins crédules, de moins en moins prêts à écouter n'importe quoi. Il y a aussi une forme de pudibonderie qui remonte dans la société, qui s'incarne dans Famille de France, dans Les Chiennes de garde ou la Meute. On constate à la fois une vigilance accrue des

leaders d'opinion, et une remontée de la morale. Or la pub a tendance à s'autocensurer. La pub, c'est un miroir. Je ne pense pas qu'elle structure l'opinion, sauf dans de rares cas comme « La force tranquille » de Séguéla pour Mitterrand ou « Demain j'enlève le bas », qui sont des campagnes qui ont fait date et qui ont été des précurseurs. C'était à une époque où la pub avait encore des choses à découvrir...

La publicité est évidemment l'un des premiers véhicules de la sexualisation de la société pour une raison très simple : elle est partout, tout le temps (on a calculé que lorsqu'un enfant d'aujourd'hui atteindra l'âge adulte, il aura été exposé à 300 000 messages publicitaires). Son but est de pousser les consommateurs à acheter un produit. Il faut donc le séduire, lui donner envie. Les mots parlent d'eux-mêmes : dès la stratégie, nous sommes déjà dans le registre sexuel.

La fonction de la pub est fondée sur la création de désir, nous dit encore Michel Perret. Et tant qu'il y aura du désir, il y aura du sexe dans la pub. Les clients nous demandent toujours de donner envie. Mais ça ne se traduit pas forcément par des images de sexe. Sa mise en scène dans la pub est en fait très difficile à gérer. Les études le montrent, comme celle de l'University College of London qui a prouvé qu'un message publicitaire envoyé au milieu d'un épisode de *Sex and the City* se retenait moins que s'il était envoyé au milieu d'une série banale. Autre fait avéré : les hommes se rappellent mieux des spots à caractère sexuel que les femmes. C'est un vrai problème pour nous aujourd'hui. D'autant plus qu'on sait que les femmes participent à 80 % aux achats des ménages. Mais même si l'on sait que ça ne fonctionne pas, la majorité des publicitaires continue. On voit encore des pubs où l'on est dans la juxtaposition. Une femme nue pour vendre un aspirateur par exemple. Ça, on le faisait dans les années 50, et l'on sait aujourd'hui que ça ne marche pas. Avec le sexe dans la pub, il y a eu des excès. La vague porno chic par exemple. À un moment, dans la surenchère, le porno chic est allé trop loin. Nous, publicitaires, on est sans cesse confrontés au désir de briser les tabous. La provocation est un moteur d'émergence. Cette vague a été lancée à un moment où des marques un peu datées (Dior, Gucci...) avaient la nécessité de rompre avec leur ancienne image pour s'en faire une nouvelle. Il a donc fallu provoquer pour remettre ces marques sur le devant de la scène. Mais les pouvoirs publics s'en sont mêlés, il y a même eu une campagne interdite. C'était allé trop loin. L'accessibilité du sexe aujourd'hui dans la société est extrêmement forte. Il y a énormément de sollicitation. Ce qui fait que le sexe est banalisé. Et tout ce qui est banal est notre ennemi dans la pub. Le renouvellement est nécessaire. Le sexe a moins d'impact car il n'est plus tabou. Les pubs montrant de jolies filles dénudées existent encore, mais ça a perdu de son sel depuis les années 90. Maintenant on va montrer des vraies femmes, dénudées mais vraies ! Seulement, il faut déjà trouver autre chose car arriver en deuxième position, c'est déjà moins bien, et après, c'est trop tard. Nos clients ne nous demandent pas d'être en avance. Ils nous demandent d'être à l'heure pile. Pas facile...

Hasard, coïncidence ou conséquence, la première pub à la télévision date de septembre 1968. « Dans les années 70, nous dit Michel Perret, la pub faisait partie des actes libératoires. C'était *carpe diem*. Les gens voulaient consommer comme des fous et la pub faisait vendre n'importe quoi. » Mais aujourd'hui, entre les forums Internet sur lesquels les gens analysent les produits, les comparent et parfois les boycottent, et la baisse du pouvoir d'achat, ce n'est pas si simple. La solution pour la publicité : au milieu de la sinistrose ambiante, apporter du réconfort, de l'évasion...

> Saviez-vous que le soir du 11 septembre à New York, il y a eu une énorme vague de sexe, de débauche ? Les gens avaient besoin de se sentir vivants... Ils veulent s'échapper, et ça peut aussi se faire dans la consommation. Et nous notre créneau, c'est l'excitation, le désir. Pas la jouissance. Les créatifs ont toujours du mal à représenter le plaisir. C'est devenu difficile pour nous d'être dans le désir sexuel car tout est dévoilé sur Internet. Il nous reste peu de choses à dévoiler. On doit se débrouiller autrement. Dans les années qui viennent, on va sans doute vers des publicités moins brutales. Vers le *story telling*. Raconter des histoires en plusieurs épisodes, et donner envie de voir la suite. La société se replie sur elle-même, va plus vers l'intime, vers la pudeur, la fameuse société de consolation... Mais le principe premier ne changera pas, s'il n'y a pas de désir, il n'y a pas de plaisir. Pourtant de nombreux publicitaires restent des pornographes... Comme disait Kant : « L'obligation de jouir est une évidente absurdité. »

L'empire des sens

Observons justement une campagne publicitaire d'un parfum de Tom Ford. L'image montre en plan serré un flacon posé sur un pubis féminin. Image quasiment identique à celle vantant une autre fragrance, intitulée « Vulva ». Mixte, ce parfum prétend cependant diffuser l'odeur du sexe féminin, comme son nom l'indique élégamment... De l'image commerciale à la composition même des parfums, l'univers de la parfumerie est annexé par l'érotisme. Entre attraction et répulsion, le parfum est intimement associé au corps et à l'amour. Et ce n'est pas nouveau. Artifice intangible, trésor volatil, le parfum est un luxe universel. Symbole de vie qui combat l'odeur de la mort, il est autant lié au monde profane que sacré. Les religions ne résistent pas à son attrait, encens, fleurs et huiles parfumées (comme le saint Chrême) participant aux cérémonies liturgiques. La Bible montre même Marie, la veille de la Passion, parfumer les pieds de Jésus avec un parfum de grande qualité, payé 300 deniers, l'équivalent du salaire de trois cents journées de travail. La sulfureuse Madeleine est à son tour très souvent représentée avec un pot d'onguent parfumé. Le glissement vers l'univers des courtisanes est logique ; ne dit-on pas qu'un parfum « cocotte » ?

Choisir une fragrance pour soi, c'est aussi s'adresser à autrui, lui proposer déjà quelque chose. La nouvelle génération de nez, contrainte de renouveler la tradition et de se distinguer dans cette pléthorique parfumerie (chaque saison est aussi prolixe en nouveaux jus que la rentrée littéraire en titres), se tourne depuis quelque temps vers les odeurs corporelles, tentant de recréer les fumets de l'amour. Sperme, sueur, sang, cyprine, le tout en version synthétique... Nouveaux composants ou arguments de vente ? On ne se pose pas la question avec ces parfums censés vous nimber d'un nuage de phéromones... L'un d'entre eux voudrait pallier notre manie de détruire nos phéromones sous la douche en nous vendant de jolis flacons emplis de messages hormonaux qui nous permettraient de retourner « à nos fonctions naturelles, et rétablir la communication chimique avec ceux qui nous entourent ». Sans commentaire...

L'usage du parfum et son commerce dateraient de la civilisation sumérienne (5000 à 2230 av. J.-C.). Selon l'historienne Annick Le Guérer, de l'Antiquité au XIXᵉ siècle, le parfum est considéré comme un fluide corporel à part entière, au même titre que le sang. Le XVIIIᵉ siècle voit naître une conscience hygiéniste qui établit un nouveau rapport aux odeurs. À cette même époque, les psychiatres mettent en garde les hommes de la haute société contre le coup de foudre olfactif qui les attire dans le lit de jeunes femmes de couche sociale inférieure. « L'atmosphère de la femme devient l'élément trouble de son sex-appeal. Susciter le désir sans trahir la pudeur, tel est le nouveau rôle dévolu à l'olfaction dans le jeu amoureux » (Alain Corbin, *Le Miasme et la jonquille*, Aubier-Montaigne).

La tendance majoritaire en matière de parfum est somme toute très hygiéniste. On veut désodoriser le corps, sentir le propre, le bébé, la lessive. Ce à quoi il faut associer « la guerre contre les poils et l'engouement massif pour l'épilation intégrale, pense Saskia Farber. Or [...] le pouvoir érotique des poils serait lié non seulement à la vue, mais aussi à l'odeur. En effet, ils conservent les odeurs corporelles résultant des sécrétions des glandes apocrines ». Une chimie

d'une sensualité folle sous la plume de Colette :
« Elle n'a jamais su qu'à chaque retour l'odeur de sa
pelisse en ventre-de-gris, pénétrée d'un parfum
châtain clair, féminin, chaste, éloigné des basses
séductions axillaires, m'ôtait la parole et jusqu'à
l'effusion » (*Sido*).

Il semblerait même que couvrir l'odeur originelle
du corps avec des senteurs synthétiques s'avérerait
néfaste pour la libido. On n'ira pas jusqu'à contre-
indiquer votre N° 5 ou votre fleur d'oranger, mais on
oublie donc les fragrances utérines, factices et autres
baumes « consodisiaques », au profit d'une meilleure
réception des vrais stimuli sensoriels.

Voyons les animaux, qui sécrètent des sucs et des
odeurs secrètes pour attirer leur partenaire.

Le département neuroscience et olfaction de l'université de Lyon définit très simplement ce qui serait
un parfum érogène : celui qui dans son expression
olfactive réveille certains sens de celui qui le respire.
Voilà qui est vaste et peut se traduire par mille et une
particules, et non les plus prévisibles ; si les effluves
de goudron chaud vous titillent l'imaginaire, si sentir l'herbe coupée vous donne des envies de galipettes, ou encore si votre partenaire qui ne porte pas
de parfum mais dont l'odeur, toutes les odeurs vous
chavirent, laissez votre nez respirer et vous inspirer... une pornographie olfactive, comme le suggère
Georges Molinié, auteur *Du pornographique.*

C'est peut-être par le biais de la technologie que
l'on renouvellera le lien du sexe au parfum. Au Japon,
des nez électroniques sont de plus en plus performants. En avril 2008, le géant des Telecom NTT a

présenté un système (le Mobile Fragrance Communication) qui permet de télécharger des odeurs et de
les envoyer en pièce jointe aux SMS ou e-mails. Le
projet, à terme, est d'équiper les téléphones portables
d'un capteur d'odeurs, capable de mémoriser des
senteurs et de les reconstituer sur commande. Attendons de voir, enfin de sentir… si les Japonais parviennent à matérialiser leur *iroka*, mot signifiant
« parfum d'érotisme », utilisé pour décrire une atmosphère chargée de désir.

Le goût de la chair et de la bonne chère

S'il est un sens qui légitimement s'acoquine avec
la volupté, c'est bien le goût. À l'instar de cette homo-
nymie entre chair et chère, sexe et nourriture ne
cessent de jouer ensemble.

L'acte de manger et l'acte de se reproduire, souvent associés dans une nécessité biologique assurant
la survie de l'espèce, génèrent les mêmes tabous et
les mêmes excitations.

Manger et faire l'amour parlent de la même chose,
font se joindre les mains et la bouche, à l'unisson des
cinq sens. On se dévore des yeux, on suce, on lèche,
on mord. L'autre a un goût. Que l'on aime ou pas.
Cette association nourriture et sexe remonte aux
célèbres orgies de l'Antiquité, nous enseigne Fanette
Duclair, bien que le terme n'ait revêtu sa connotation sexuelle qu'au XVIIe siècle.

Qui mieux que Charles Perrault a mis en scène
cette fascinante association de la bouche et du sexe ?

Souvenez-vous du Petit Chaperon rouge et de son panier de victuailles. Grâce à Bettelheim, nous savons ce qu'entend le loup par « Je vais te manger ! ». Que la pomme de Blanche-Neige est le symbole de sa virginité perdue, ou encore que Barbe-Bleue est un ogre totalement lubrique !

Depuis lors, la sitophilie, terme scientifique pour décrire « toutes sortes d'utilisation de nourritures à des fins sexuelles », remarquablement figurée par Mickey Rourke et Kim Basinger, épuisant leur Frigidaire dans le film *9 Semaines et demie*, inspire moins les écrivains que les *food designers*. Si le chocolat conditionné pour dégouliner parfaitement sur le corps désiré est une tentante et jolie idée, les pâtisseries en forme de sein ou les nouilles en forme de zizi nous laissent de marbre.

Quant aux aphrodisiaques : science ou magie ?

« Si les valeurs nutritives, énergétiques et vasodilatatrices existent indéniablement, autant garder en mémoire pourquoi on s'en repaît », nous conseille Fanette Duclair, et de citer le gingembre (qui améliore le volume de sperme, non celui de l'érection), le ginseng, le safran et la cardamome, ou encore le céleri et la grenade parmi les aliments magiques. De leur côté, en Bourgogne ou en Champagne, les vins sont bien connus pour dilater les vaisseaux sanguins et lever les inhibitions, ce qui aide beaucoup. Autrefois, on buvait le chocolat en cachette, à cause de la sulfureuse réputation de ce dopant naturel. On peut aussi imiter Casanova, grand amateur de truffes, qu'il faisait laver au champagne et servir en ragoût. En son temps, jouir impliquait autant manger qu'aimer.

Sans pour autant conclure que bons mangeurs = bons amants ou que petit appétit = mini-libido, nous encourageons la gourmandise érotique et mettons en garde contre le régime contagieux de l'assiette au lit...

Une fois encore, nous attendons une véritable proposition culinaire jouant sur l'intrication de ces deux plaisirs, plutôt qu'un chapelet de guides pratiques, qui prétendent se vendre à condition que la lettre X (ou Q) figure en couverture. Les librairies croulent sous les titres explicites : *Cuisiner pour séduire*, *Goûte ça et épouse-moi*, *Guide pratique des aphrodisiaques*, *Hot cuisine*, *100 Recettes aphrodisiaques*, *L'Herbier érotique*, *La Cuisine des amants*, *Les Aliments du désir*, *Les Aliments performants*, *Magie gourmande*, etc.

Peut-être que ces ouvrages peuvent se révéler utiles ; mais une nourriture érotique est certainement moins le résultat d'une recette miracle que d'une alchimie naturelle entre la saveur, l'odeur, l'aspect des mets et l'environnement de l'assiette. Malgré toute la bonne volonté de Meg Ryan dans *Quand Harry...*, nous sommes moins sensibles à son cheeseburger orgasmique qu'aux nourritures dont les couleurs, les textures et les chaleurs différentes suffisent à mettre notre imaginaire et nos papilles en émoi.

Design : cupide ou Cupidon ?

Surfant sur cette épiphanie des sens, bien des designers font leur beurre. Nous restons dans la métaphore culinaire avec Souper Fin, la ligne d'arts de la table créée par Philippe di Méo. Nous connaissions les *sex toys* et le *food design*, voici le *sex food toys design* ! Avec l'appui de quelques enseignes de luxe (Baccarat, Christofle, Raynaud, Goyard...), il a illustré les fantasmes des grands noms de la gastronomie (Michel Troisgros, Thierry Marx...). Résultat : un bouchon-godemiché en cristal, un chausse-pied-fouet, des boules de geisha et à thé.

C'est beau, luxueux, mais nous touchons là sans doute la limite de cette culture où la sexualité peut être prise comme un prétexte. À vendre, à prouver qu'on est ouvert, subversif, bref, dans la tendance.

Face à l'omniprésence de l'image sexuelle, certains designers ont voulu développer, ou créer de toutes pièces, le potentiel érotique que recélerait chaque objet. À l'instar de ce que nous évoquions plus haut au sujet des parfums, cette tentation de faire une allégorie sexuelle avec un fer à repasser, de grimer son appartement avec des avatars caricaturaux, n'est ni excitante, ni éducative, ni sexuellement utile.

D'autres designers ont choisi la poésie de la suggestion. Les deux designers français Olivier Gregoire et Bertrand Clerc ont imaginé une table évoquant de manière très subtile un dîner amoureux. Froissée de chaque côté, elle semble avoir gardé les plis du rapprochement d'un couple.

> Leonardo est né de notre volonté de créer un objet simple et beau sur l'intimité, l'amour et le désir. Les objets fossilisent un moment d'intimité, Leonardo témoigne d'une histoire : on peut encore percevoir les mouvements et les sentiments dans l'immobilité. Ainsi, la

forme ne suit pas la fonction, elle suit les émotions. L'objet n'établit pas une innovation à un niveau fonctionnel, il émet un message alternatif au propos fonctionnaliste (*Sex in Design*, Tectum publishers).

D'autres créateurs proposent à leur tour des objets du quotidien qui en apparence ne disent rien d'autre que leur usage premier, et qui se révèlent après coup de parfaits aides ménagers dévoués à notre sexualité.

Philippe Starck a ainsi conçu une collection de canapés et fauteuils « sexuellement fonctionnels ». Du point de vue esthétique, ses créations sont sages, sobres, voire classiques. Difficile de soupçonner quoi que ce soit sans être averti. Et pourtant... Le canapé entièrement modulable loge sous son assise menottes et lanières. Les accoudoirs pivotent, basculent. Coussins, tablettes, liens, anneaux peuvent faciliter ergonomiquement toutes les positions. Les deux fauteuils Caprice et Passion, à coques enveloppantes matelassées, viennent compléter ce dispositif dédié aux plaisirs des corps. Si bien qu'une fois que l'on sait ce que cachent ces meubles en apparence innocents, on peut difficilement penser à autre chose ! Lorsque cette collection est sortie, Philippe Starck confiait au journal *Le Monde* (édition du 10 février 2008, par Véronique Cahaupé) :

Il y a quinze ans, lorsque je soumettais cette idée aux éditeurs, ils me tournaient le dos. Aujourd'hui le sexe est partout. Les sex toys se vendent comme n'importe quel produit de consommation. En revanche, la maison, où l'on est censé faire le plus l'amour, est le secteur le plus prude qui soit. Aucune allusion au sexe, aucun

meuble qui lui soit dédié. Nous étions en pleine incohé-
rence. Et comme je ne supporte pas les incohérences... [...]
Ensuite, j'avais remarqué que les femmes s'ennuient
beaucoup. L'homme se contente facilement de faire
l'amour toujours au même endroit. La femme a besoin
de changement, de surprise. Le capot de la voiture, on
s'en lasse. La moquette : trop de souffrance pour les
genoux. Il fallait donc apporter du confort et une aire de
jeux à la femme [...]. Mais s'il est facile de dessiner une
ergonomie sexuelle, il n'est pas sûr qu'elle soit montrable.
Avoir chez soi un mobilier de bordel du XIXe siècle fait
tout de même mauvais effet auprès des amis. L'astuce a
donc consisté à réaliser une collection qui soit Docteur
Jekyll et Mister Hyde, capable de recevoir sa belle-mère
pour le thé le dimanche après-midi et de commencer les
galipettes une fois qu'elle est partie.

Cet ensemble s'inscrit pour Philippe Starck dans la
droite lignée du design éthique qui lui est propre. Un
design, dit-il, « fondé sur l'honnêteté, le respect, la
vision, la créativité, l'humour, l'amour. Qui reven-
dique qu'aucun projet ou objet ne mérite d'exister
s'il ne s'inscrit pas dans la grande image de l'évolution de notre espèce animale et de notre civilisation
basée sur l'intelligence » (*Propriétés de France*, Catherine Deydier, janvier-février 2008).

À nos yeux, avec cette collection, Philippe Starck a
opéré un « replacement » sexuel du design, au diapa-
son de ce que nous aimerions voir plus souvent : un
désir suggéré mais accessible et immédiat, cérébral et
tout-puissant, mais intime et discret.

Porn-artistes ou artistes tout court ?

« Et si la sexualité était le principal moyen d'accéder au bonheur et à la liberté de pensée ? » se demande Fabrice Bousteau (in *Sexes, images-pratiques et pensées contemporaines,* Beaux-Arts magazine), juste avant de poser la question de la représentation de la sexualité dans l'art actuel. « On est passé d'une époque où le réel du sexe était interdit à la représentation, à une époque où l'on surreprésente un sexe fictionnel », conclut-il. De fait, les images qui nous parviennent tous azimuts *via* la consommation et la communication n'ont plus grand-chose à voir avec le réel, en ce sens que nous ne nous projetons pas en elles, et encore moins notre plaisir.

Or donc, que fait l'art ? N'est-ce pas aux artistes de nous montrer le réel, ou du moins de l'interroger ?

L'obscène (et son corollaire la censure), qui n'est pas une invention récente, nous l'avons vu plus avant, arpente toujours les galeries et les musées d'art contemporain. Pas une exposition qui ne recèle ne serait-ce qu'un fragment d'éros. Pas un cache-sexe qui n'ait été arraché. La nudité, la différence des sexes, l'homosexualité, la transgression, l'auto-érotisme : tout est à découvert. Artistes, femmes et hommes, ont tous les droits. Surtout depuis Duchamp qui voulut remplacer tous les « -ismes » de l'art par celui d'érotisme, pour montrer enfin ce qui était toujours caché.

Le pornographique ne serait, proprement, que le déshabillage, la dénudation, le *désornement* de ce qui, ailleurs et autrement, n'est qu'habillé, orné, étoffé, pour Georges Molinié. [...] On fait voir du voir. Ainsi ce voir absolu devient le sentir, le ressentir absolu, emportant, englobant, sublimant et ravissant tous les sens.

La différence avec l'art dit classique, on la situe aux alentours de la question du beau. Pour Freud, si la représentation des parties génitales est excitante, elle n'est jamais considérée comme belle. Mais aujourd'hui, la beauté, tout ou moins décorative, flatteuse, n'est pas le souci premier de nos artistes contemporains. Parmi eux, Gilbert & George sont allés jusqu'à sublimer les déjections humaines, leur attribuant une forme phallique, comme pour abolir toute complaisance avec le sexuel. Presque centenaire et toujours active, l'artiste Louise Bourgeois s'est fait remarquer en faisant du sexe un motif de prédilection. Sa *Fillette*, phallus géant sculpté de ses mains, est un totem à la fois impressionnant et attachant.

Mais l'art reste à l'état de figure, impénétrable, intouchable, inodore, d'où notre perpétuelle frustration : on sort rarement sexuellement excité d'une exposition, surtout quand le sujet en est précisément érotique. Le spectateur est parfois choqué, quelquefois interloqué, souvent blasé, rarement érotisé. Le problème est qu'on cherche tous la même chose : on guette notre jouissance à travers les yeux d'un autre, comme pour l'assurer, la figer, dans une quête absolue, insoluble.

Est-ce à croire que « nous ne saurons rien de l'essence de l'amour ni des mystères de la jouissance féminine » ? se lamente le critique d'art Bernard

Marcadé. « Nous ne serons conviés qu'au spectacle figé et répétitif d'actions de passions n'ayant pour seule épaisseur que celle de l'image. »

Impasses inhérentes que de nombreux artistes évitent en exploitant d'autres potentiels érotiques. Certains inventent, comme Hans Bellmer qui, au début des années 30, crée sa Poupée : « une fille artificielle aux multiples possibilités anatomiques capable de rephysiologiser les vertiges de la passion ». D'autres désexualisent le plaisir, en le sortant du génital, comme Sylvie Fleury, Annette Messager et bien d'autres.

Du reste, l'art qui procède de l'invention ne peut que se résoudre à son impuissance : qu'inventer alors que tout a été dit ? C'est peut-être ailleurs qu'il faut chercher, au gré de configurations érotiques échappant à l'empire du regard, réinjectant du doute et de la suggestion là où il n'y a plus que de la monstration et de la crudité. Devrions-nous remettre au goût du jour l'ordonnance des peintres futuristes, dans leur *Manifeste* de 1910 : « Nous exigeons pour dix ans la suppression totale du nu en peinture » ? Si ce n'est pas dix ans, tout au moins quelques semaines ou quelques mois, histoire de voir comment la sexualité serait représentée, une fois le sexe caché.

Le corps, un objet sexuel

Mais pour l'heure, le corps est encore au centre de toutes les expressions. Se démarquer, sortir du lot, telles sont les toutes premières motivations de ceux qui décident un jour de se faire faire un tatouage, un piercing, une scarification ou toute autre « blessure » esthétique sur le corps. Pour échapper à la mode, les adeptes de ces techniques en suivent une autre. Sauf que celle-ci n'habille pas le corps mais s'immisce directement en lui.

David Le Breton, sociologue et auteur de *La Sociologie du corps* (PUF) et de *Signes d'identité. Tatouages, piercings et autres marques corporelles*, inscrit ces actes dans une tendance à considérer le corps comme un terrain d'exploration et d'embellissement. Un corps inachevé sur lequel imprimer des marques volontaires participe au processus de « remise au monde », de reconstruction de soi. « Le dualisme de la modernité a cessé d'opposer l'âme au corps, plus subtilement il oppose l'homme à son propre corps à la manière d'un dédoublement. Le corps détaché de l'homme, devenu un objet à façonner, à modifier, à moduler selon le goût du jour, vaut pour l'homme, en ce sens que modifier ses apparences revient à modifier l'homme lui-même. » Intervenir directement sur son corps revient à disputer la place d'un, voire du « Créateur ». Cela revient aussi à prendre des risques d'infection ou d'allergies, y compris pour un simple tatouage.

Là où la chirurgie esthétique est un acte de modification pour correspondre à une norme esthétique, les marques corporelles diverses (tatouage, piercing, scarifications, *cutting, burning, peeling...*), si elles sont aujourd'hui à peu près débarrassées des valeurs négatives qui leur étaient associées, affirment le désir de se démarquer, pour être remarqué.

Le plus ancien tatoué se nomme Hibernatus, un homme retrouvé dans un glacier à la frontière italo-autrichienne. Son corps a été daté de plusieurs milliers d'années avant J.-C. Il portait 57 tatouages. Les Japonais également ont de tout temps développé le tatouage pour en faire un art à part entière qui occupe la plupart du temps la totalité du corps. Du côté du piercing, même héritage ancestral : on en retrouve à la langue chez les Aztèques et les Mayas, au nombril dans l'Égypte ancienne (signe de haute lignée), au mamelon des légionnaires dans la Rome antique (signe de courage et de virilité). Les piercings génitaux existaient aussi jadis, mais pour contraindre les esclaves et plus tard les moines à la chasteté.

En Occident, les tatoos et les piercings sont ensuite interdits par les grandes religions monothéistes. Ces pratiques se voient donc réservées aux marginaux : bagnards, légionnaires, marins, gens du voyage. Plus récemment, trois groupes les réhabilitent : les hippies, les punks et les sadomasochistes. Aujourd'hui, elles concernent tous les milieux socioculturels et sont plus particulièrement appréciées des adolescents pour qui ce « marquage identitaire » est plus radical que la coiffure ou le vêtement. Mais les adeptes de ces techniques, surtout les plus jeunes, semblent parfois oublier leur connotation sexuelle.

Exposer son désir, avant tout sexuel
– Des bijoux qui parlent de sexe

« Les pratiques du piercing et du tatouage participent à la fois d'un désir de personnalisation ou d'ornement du corps, et d'un souci érotique », pour

Elisabeth Badinter. L'intéressant dans ces marquages, c'est qu'ils ne peuvent s'obtenir sans souffrance. Or souffrance, douleur et plaisir sexuel restent liés à l'acte même d'intervenir sur son corps. Le tatouage fait mal, moins que le piercing, qui lui-même fait moins mal que les scarifications. Les strates de douleur ont-elles aussi un sens ? Triompher de la douleur qu'impliquent ces marquages témoigne, aujourd'hui encore, de la force des individus qui les arborent.

Si la connotation sexuelle des tatouages dépend du dessin et de la parcelle de corps choisis, celle des piercings est beaucoup plus patente. Pointe des seins, nombril, lèvres du visage ou du sexe féminin, langue, pénis, clitoris... Où qu'ils soient, les piercings sont comme une offrande de son corps, à l'autre comme à soi-même. Ces bijoux intimement placés provoquent une excitation presque permanente pour ceux qui les portent, et offrent aussi un supplément de sensations à leur partenaire. Les anneaux, les boules, les barrettes ont des utilités diverses et variées, de la caresse à la mise en valeur d'une partie du corps. Et ne peut-on voir dans les innocents petits diamants épinglés sur le visage de dignes héritiers des mouches de taffetas que les marquises coquines disposaient sur leur peau, dans un langage codé connu de tous ? Ainsi le coin de l'œil était choisi par la passionnée, le coin de la bouche par la baiseuse, le dessous de la lèvre par la friponne... Rien n'est en fait anodin, lorsqu'il s'agit de parer son corps. Mais, aujourd'hui, le souci de l'image et de la représentation, de l'appartenance à une tribu guide plus volontiers ces esthétiques, surtout lorsqu'elles sont apparentes. On a affaire à un phénomène plus social (la mise en scène de soi au milieu de la cité) qu'intime.

Que dire alors des scarifications, faites par soi-même à soi-même, pouvant aller jusqu'à renfermer des objets sous la peau pour créer des formes géométriques en relief ? Peut-être est-ce une manière de réinventer son propre corps. Somme toute, ces parures sous forme de blessures procèdent d'un désir d'éternité empreint d'érotisme, en même temps qu'elles traduisent un nouveau type de mise en scène de soi. Un nouveau langage en somme, mais qui, selon Fanette Duclair (*L'Érotisme dans la peau*, second-sexe.com), « ne peut pas échapper au regard comme une pensée. Et c'est sur ce canevas de chair que des hommes et des femmes choisissent de livrer un peu de leur âme comme dans un livre illustré à la portée des passants. Une peau tatouée et percée, c'est un journal intime ineffaçable qui heurte ou séduit mais laisse rarement indifférent. Alors forcément, quand le propos de l'ouvrage est érotique... ».

9

LE VÊTEMENT

Un vêtement n'est pas innocent. Chaque matin, quel que soit ce que nous décidons de porter, nous portons avant tout le rôle du personnage que nous avons envie d'être. De la même manière que nous ne portons pas le même jugement ou le même intérêt à un homme en costume-cravate ou en short et tongs, une femme n'est pas tout à fait la même et n'envoie pas le même message en robe et talons qu'en pantalon et chaussures plates. Cela ne signifie pas pour autant qu'il existe des vêtements érotiques et d'autres simplement pratiques. Cela ne signifie pas non plus que nous, femmes, restions cantonnées à un seul rôle. Au-delà des signes qu'il envoie, le vêtement influence notre attitude tout entière, notre posture. En enfilant une panoplie masculine, nous nous sentons plus combatives, tandis que nous sommes plus lascives dans notre peau de femme.

Nos vêtements sont un message destiné à être lu et interprété. La sociologue Frédérique Giraud, commentant un numéro de la revue *Le Sociographe* consacré au vêtement, écrit : « En matière vestimentaire, il existe des codes, des normes, même si nous n'en avons pas toujours conscience. L'habit ne s'épuise pas dans ce à quoi il sert explicitement. L'acte de se vêtir manifeste symboliquement ou par convention une essence, une ancienneté, une tradition, une caste, une religion, une génération, une position sociale, un rôle économique... Il rend visible et consacre les clivages, les hiérarchies et les solidarités. »

La psychanalyste Sylvie Pouilloux montre, elle, que la construction vestimentaire est une construction que l'on fait autant pour soi que pour les autres. « Par le vêtement, nous élaborons un discours pour autrui. Le vêtement est un discours, une seconde peau, il signale des propriétés sociales, révèle des craintes, le désir de laisser paraître quelque chose de sa filiation ou de soi-même. »

La « frivolité essentielle »

Le vêtement protège des intempéries comme il préserve la pudeur. Historiquement il est même difficile de déterminer quel rôle il a joué en premier. En Afrique et en Océanie, l'arrivée du pagne et des étuis péniens est à peu près contemporaine de l'arrivée des peaux de bêtes qui ont protégé du froid les hommes du Nord. Dans la plupart des sociétés anciennes, les organes sexuels, tout comme les parties du corps qui provoquent le désir, devaient être dissimulés, éloignés des regards. En masquant le corps et ce qu'il peut traduire de nos émotions (en particulier l'érection de l'homme), on a libéré la parole qui exprime le désir et

devient ainsi une étape préliminaire à nos instincts primaires. Si nos émotions ne se voient pas, alors il faut
les énoncer avant de se jeter sur l'objet de son désir.

Étrangement, le vêtement, fait social par excel-
lence, et moteur très significatif d'une partie de notre
économie, a été quelque peu négligé par la sociologie. « L'acte de vêtement », comme l'appelait Roland
Barthes, est passé au second plan alors que, loin d'être
secondaire, il est fondamental.

Frédéric Monneyron, sociologue, professeur des
universités, enseigne la sociologie de la mode, et il
est l'auteur de nombreux livres sur le vêtement (*Le
Vêtement*, L'Harmattan ; *La Frivolité essentielle, du vêtement et de la mode*, et *La Sociologie de la mode*, PUF). Il
s'est penché avec passion sur le sujet, prenant le parti
pris suivant :

> Écrire sur le vêtement implique le renversement de toute
> une attitude philosophique. S'employer à poser le vête-
> ment non plus comme puissance d'erreur, mais comme
> moule, matrice, non plus comme élément second, acces-
> soire, mais comme élément premier, fondateur, détermi-
> nant les comportements individuels comme les structures
> sociales. Bref, prendre le pari qu'au commencement
> était le vêtement, telle est la direction de ses recherches
> (*Le Vêtement*).

Pourtant, cette vérité du vêtement fondateur est
encore niée, la dialectique de l'être et du paraître
faisant encore et toujours plus la loi. Toute la pensée
occidentale a privilégié l'être sous les apparences,
mais bien que le vêtement en soit l'un des symboles
les plus flagrants, il est mis de côté.

Difficile de faire changer les choses, nous dit Frédéric Monneyron. Difficile même de convaincre l'institution universitaire. Dans les universités, il n'y a pas d'autre cours sur la mode que le mien. Avant de m'intéresser au vêtement, je me suis penché sur la sexualité à travers la jalousie, la séduction, l'androgynie. La sexualité était l'unité centrale, et la mode et le vêtement étaient périphériques. Il s'est imposé à moi que ce périphérique devait devenir unité centrale. La mode, le vêtement, c'est une création artistique comme une autre. Personne ne contestera qu'on puisse lire l'état d'une société à travers ses romans ou ses films. Pourquoi ne pourrions-nous pas lire cet état par le biais du vêtement, d'autant qu'il s'inscrit directement sur le corps ? Mais on n'échappe pas au jugement des autres, aux idées reçues et intégrées depuis des siècles. S'intéresser au vêtement paraît léger ou suspect encore aujourd'hui. L'un de mes livres s'appelle *La Frivolité essentielle*, je crains bien qu'on ne retienne encore que « frivolité »...

Histoire, vêtement et sexualité

On reconnaît une période de l'histoire à la seule vue des vêtements que l'on y portait. Un costume d'époque suffit à identifier une période, de la préhistoire au siècle des Lumières, des années 50 aux costumes du futur.

Les robes des femmes furent plus ou moins lourdes et fermées ou légères et ouvertes suivant les périodes de répression sexuelle ou de plus grande liberté. Au Moyen Âge, lorsque apparaît la notion de femme convenable, par opposition à la sorcière, apparaît également le corset, comme si l'idée de l'enfermement féminin devait se matérialiser avec l'enfermement de son corps et l'écrasement de ses seins. De la même manière, durant la révolution de 1789, ce sont les bien nommés sans-culottes qui libèrent les populations, tandis que les femmes se révoltent dans tous les sens du terme : elles installent les prémices d'une libération féminine et assouplissent la rigidité de leurs vêtements : le mouvement et la liberté. Au XIXᵉ siècle, la restauration de la monarchie emprisonne à nouveau le corps de la femme, c'est le retour à la « femme convenable », aux codes de la Renaissance, aux corsets dont le V descendait jusqu'au pubis, aux crinolines et aux cerceaux, trilogie de la torture et son cortège de malaises, ligotant, bâillonnant le corps des femmes, les empêchant de respirer. Quel épanouissement est possible sous cette rigidité ? C'est justement dessous qu'il faut regarder. Jusqu'au XXᵉ siècle, les femmes portèrent exclusivement des robes longues. Les éventuelles libertés se manifestaient au niveau des décolletés qui pouvaient être vertigineux ou bien sous les robes elles-mêmes qui cachaient l'essentiel du temps une absence de culotte ou une culotte longue mais ouverte en son milieu. La robe a donc toujours laissé symboliquement le « libre accès » au sexe et laissé vivace l'idée d'un sexe sans entrave à peine caché sous la robe. Jusqu'à il y a à peine cent ans, les femmes avaient leur sexe « à portée » de main, qu'il s'agisse d'autres mains ou des leurs… Il suffisait de trousser la robe.

Depuis un siècle, il y a eu la révolution féminine, et parallèlement une nouvelle forme d'enfermement du corps.

L'histoire est riche d'enseignement et de preuves, et la terminologie employée par les spécialistes pour définir les différents systèmes de vêtements est claire.

Depuis le Moyen Âge, nous dit Frédéric Monneyron, on est en système ouvert pour les femmes (jupes et robes), et en système fermé pour les hommes (pantalons). Dans l'Antiquité, c'était le système ouvert pour tout le monde (robes pour les femmes, toges pour les hommes). Le Moyen Âge a apporté la scission ouvert-fermé. Ce fut la première « révolution » du vêtement. La seconde eut lieu au XIXe siècle. Le vêtement était jusqu'alors différencié selon les classes sociales et les ordres. La révolution a bousculé tout ça. Tout le monde a désormais le droit de s'habiller de la même façon, et on impose à l'homme le complet-veston, toujours d'actualité. Alors qu'avant les femmes et les hommes avaient le droit de se parer (bijoux, broderies, etc.), à partir du XIXe siècle non seulement les deux systèmes sont confirmés, mais les hommes n'ont plus le droit de se parer. La couleur disparaît des costumes, et les hommes se trouvent devant un choix extrêmement réduit, proche de l'uniforme. Il n'y a jamais eu d'écart si grand entre les vêtements des femmes et des hommes qu'au XIXe siècle. On est passé du système ouvert pour les hommes et les femmes au système ouvert pour les femmes et fermé pour les hommes, et si l'on regarde la rue aujourd'hui, et qui nous est confirmé par l'engouement pour le pantalon destiné aux femmes, on peut très bien imaginer que nous allions vers un système fermé pour les hommes comme pour les femmes dans un avenir très proche...

Michael Bonzom, de chez Nelly Rodi, cabinet de tendances, interrogé par Emmanuelle Paul pour le *Journal des femmes* sur Internet, confirme :

[L'engouement pour le pantalon] est principalement lié
à un phénomène de société. Pour expliquer cet engouement chez les femmes, nous devons tout d'abord parler de la mode de l'homme ! Très influente… Avant, on
parlait de style « métrosexuel », quand l'homme se
féminisait, portait des choses très élégantes et face à
cela, la femme avait voulu surenchérir sa féminité. Puis
le style « Ubersexuel » a fait son apparition avec un retour
à l'ultra-masculinisation chez l'homme. Pour contrer ce
phénomène, la femme se remasculinise elle aussi, joue
davantage avec les clichés et les dress-codes masculins.
La femme s'habille en homme et cela se traduit par le
grand retour du pantalon […]. On remarque d'ailleurs
que de plus en plus de marques proposent un dressing
pour deux. C'est la grande tendance homme-femme.

Effectivement, de plus en plus de marques exploitent
l'idée d'une garde-robe pour homme et femme, du
magasin unique pour couples, etc. Pourtant, dans cet
intervertissement des genres, la réciprocité n'est pas
totale, puisque la femme peut s'habiller en homme,
mais pas l'inverse. « Il y a là un contraste avec les autres
situations d'inégalité », souligne Marina Yaguello
(*Les Mots et les femmes*, Payot). En effet on constate
en général l'appropriation par les classes dominantes
des attributs des classes inférieures : tel le riche qui
endosse le vêtement ouvrier, l'habitant des beaux
quartiers qui emprunte le langage « banlieue », alors
que l'inverse est mal vu. Tel phénomène n'est pas
valable ici. Ce contraste pourrait s'expliquer par
l'existence d'une culture de banlieue, d'une culture
ouvrière, tandis que « les femmes n'ont pas encore

d'identité culturelle autonome ». Peu ou prou de robes pour les femmes et encore moins de jupes pour hommes, mais une garde-robe masculine à partager à deux. Est-ce qu'une femme libérée n'est libérée qu'en endossant le costume masculin ?

Malgré les tentatives nombreuses et louables de Jean Paul Gaultier pour faire porter des jupes aux hommes, en Occident, il faut être écossais ou religieux pour porter jupes ou robes. Il est d'ailleurs intéressant de noter que, dans la plupart des religions, ceux qui officient (curés, moines, prêtres tibétains, imams...) portent des robes : ils sont en système ouvert.

Ce que le vêtement dit de notre épanouissement sexuel

« Il est moins facile de lire l'épanouissement sexuel d'un individu à ses vêtements que l'épanouissement sexuel d'une société tout entière, nous dit encore Frédéric Monneyron. Car l'individu peut jouer avec ses vêtements, se cacher, tromper son monde. » Pourtant, certains signes ne trompent pas. Là encore, il s'agit de contrôle.

Le brushing aussi rigide qu'un casque de moto ou le chignon serré et laqué, le chemisier fermé jusqu'au dernier bouton, le maquillage si épais qu'il en devient un masque, les parfums trop présents et capiteux sont autant de signes qui signalent que cet apparat est exempt de sensualité et si le pouvoir, le désir de séduire, c'est-à-dire d'éprouver un pouvoir sur l'autre, est présent, la notion de plaisir, elle, n'y est pas. De manière plus subtile, les codes de la mode actuelle sont sensiblement les mêmes : des vêtements très architecturés, fermés, et si transparence il y a ici ou là, elle est vite compensée par la notion de sur-couches. Le marketing et la publicité de ces vête-ments disent une chose (l'érotisme et le désir à tout prix, quitte à les vider de toute substance), et le vête-ment en dit une autre (rigidité et enfermement sont de retour).

Il est intrigant de noter qu'en plus d'un siècle de couture et modes, depuis Coco Chanel très peu de femmes créatrices de mode ont éprouvé la nécessité de créer des vêtements qui continuent de libérer la femme et de poser la question de ce qu'elle est vrai-ment aujourd'hui. À notre connaissance, une seule s'est obstinée à faire un vêtement féminin, pratique et volontaire à la fois, doublé de la volonté *a priori* paradoxale de libérer son corps de toute entrave pour que le désir puisse éclore à chaque instant de sa jour-née ; en résumé, une robe d'*executive woman* dans le velours de la lascivité. Diane Von Furstenberg, puisqu'il s'agit d'elle, a créé dans les années 70 une robe portefeuille en jersey de soie, qui se noue devant pour que la femme contrôle, qui s'enlève en un seul geste en tirant sur l'unique ruban, qui épouse les formes du corps, et qu'elle continue sans cesse de renouveler à chaque saison. Nous lui avons demandé ce qui l'avait inspirée.

> Je suis dans la mode par hasard. Plus jeune, je ne savais pas ce que je voulais faire, mais je savais quel genre de femme je voulais être : indépendante ! Pour moi,

l'indépendance ne signifie pas qu'on renonce à la séduction, bien au contraire. J'avais 22 ans quand j'ai créé la robe portefeuille. D'abord, c'était un top porté avec une jupe. Puis devant la réaction positive des femmes, j'ai décidé d'en faire une robe. Je n'imaginais pas que j'en vendrais des millions, puis que je verrais, des années plus tard, les filles de mes premières clientes porter cette même robe dénichée dans des boutiques vintage. Je pense que ce succès tenait au départ au tissu de cette robe, un jersey de soie très confortable qui ne fait aucun bruit quand on se déshabille, et surtout quand on se rhabille ! Et puis, elle est très pratique, on peut la rouler en boule, elle ne tient pas de place dans un sac.

Ce qui m'inspire, c'est la femme. Je fais des choses qui la rendent belle, non pas comme une statue jolie à regarder, mais puissante, flexible, heureuse. Mes robes doivent être des amies pour les femmes. Le pantalon ne sera jamais au niveau de séduction d'une robe. Il peut être joli, mais sexy, je ne crois pas. Pas tout seul. Mais rien à voir avec la robe. Ce n'est qu'une seule chose la robe. On la met, et on est habillée. On la retire, et on est nue ! Lorsque j'ai créé ma robe portefeuille, je me souviens avoir écrit pour la campagne publicitaire : « *Feel like a woman, wear dress !* » Je crois qu'avec le blue-jean il n'y a pas d'autre exemple d'un vêtement qui soit resté le même sur plusieurs décennies...

Pour aller dans son sens et sans vouloir trop frôler la caricature, il nous semble qu'une femme qui porte un vêtement qui ne l'entrave pas sera plus en contact avec sa sexualité et son désir que celle qui, telle une femme-forteresse, optera pour la trilogie culotte + collants + pantalon.

La parenthèse enchantée

Pendant une brève période, la mode s'est épanouie. Des années 50 à 80, c'est-à-dire de la révolution sexuelle et de la libération des femmes aux années sida, un vent de renouveau a soufflé.

Dès le début du XXᵉ siècle, des couturiers dans l'air de leur époque ont commencé à vouloir libérer les femmes. Les jupes et les robes ont très significativement raccourci, tandis que le pantalon s'essayait à la féminité. Yves Saint Laurent en particulier a insisté sur la liberté accordée aux femmes grâce au pantalon. Pour lui, le pantalon n'a jamais été un enfermement, au contraire.

Dans un premier temps, selon Frédéric Monneyron, Saint Laurent a masculinisé les femmes, c'est certain. Son homosexualité se lisait dans cette façon d'habiller les femmes en hommes. Mais il s'est rendu compte qu'en mettant des vêtements masculins sur un corps féminin il n'y avait rien de plus féminin que ça ! Parce que ce n'est pas un problème de vêtement, c'est un problème de corps. On voit davantage le corps de la femme. Il est moulé, dessiné, donc très érotique. Ce n'est pas parce que les femmes se sont libérées qu'elles ont porté le pantalon, c'est parce qu'elles ont porté le pantalon qu'elles se sont libérées. Ne plus être obligées pour les femmes de s'asseoir en fermant les genoux était en soi une révolution.

Au même moment naît la minijupe, et on se retrouve avec les deux vêtements les plus érotiques et les plus libérateurs : le pantalon (dont le jean fait partie, le jean est très érotique), et la minijupe. À partir des années 50 avec la minijupe et le pantalon, la sexualité s'exhibait, s'exposait, n'avait plus peur de rien. Elle commençait à être spontanée. Les vêtements sont tout à fait significatifs de cette période. La minijupe est forcément érotique car elle est liée psychanalytiquement à l'angoisse de castration. Lacan dit qu'il n'y aurait pas de désir masculin sans angoisse de castration. L'érection masculine n'existe selon lui que parce que l'homme a peur de perdre son pénis. Cette peur déclenche l'érection par compensation. La minijupe est par définition ce qui va diriger le regard masculin vers le sexe de la femme, c'est-à-dire, comme le disait Freud, vers « un endroit où il n'y a rien à voir, mais quand même »...

C'est un point de vue d'homme. Si le corps féminin est plus exhibé que jamais dans la minijupe, et s'il attise le désir masculin, pour la femme il s'accompagne aussi de l'arrivée du collant, qui vient se substituer aux bas. En un siècle, nous avons quitté les longs jupons que nous portions sans culotte, pour raccourcir la jupe et enfiler culottes et collants. Pour celles qui connaissent le plaisir du corps nu sous une enveloppe de tissu contraignant le moins possible le geste, il sera aisé de reconnaître que, en raccourcissant la jupe, la mode (et nous avec) a peut-être confondu pouvoir de séduction et plaisir féminin.

Mais la séduction, c'est pour l'autre.

Les vêtements symboliques de la sexualité

Vêtements, sous-vêtements, nous savons toutes qu'il y a des codes derrière les choix que nous faisons.

Mais au-delà du regard de l'autre, encore faut-il prendre conscience du pouvoir que ces vêtements ont sur nous-mêmes. Certains vêtements, quelle que soit leur histoire, véhiculent un imaginaire érotique qui stimule autant notre attitude que nos sensations. Mentalement, nous ne serons pas la même avec des bas ou dans un jogging, avec un corset qu'avec un soutien-gorge, avec des talons qu'avec des baskets. Notre attitude sera différente car nos sensations seront différentes.

Après avoir été voué aux gémonies et avoir fait souffrir les femmes pendant des siècles, le corset, le bas et d'autres clichés encore s'affichent dessus quand la mode les désincarne et se cachent dessous lorsqu'ils ont pour objectif de conserver leur fonction sexuelle. Avec Madonna et Jean Paul Gaultier, ils sont visibles et véhiculent une image de la femme conquérante, tandis que dans les soirées libertines ils contribuent à la jouissance.

Le bas, que l'on voit sur les photos de mode, est la plupart du temps absent de nos vies.

Porter des bas aujourd'hui, nous dit Claude Vittiglio (*Le Bas dans tous ses états*, secondsexe.com), c'est en quelque sorte rétablir la dualité homme-femme, c'est affirmer de manière plus ou moins consciente son identité sexuelle par quelques centimètres carrés d'une peau secrète mais toujours libre. Pour une femme, c'est faire l'aveu d'une intimité accessible par le regard ou le toucher : c'est le degré zéro de la nudité. Moins que nue parce que parée, plus que nue parce que révélée. Qu'elles soient épouses ou amantes, les bas permettent aux femmes de se projeter délibérément dans le désir des hommes et de s'en approprier les fantasmes.

Les féministes ont rejeté le bas, le jugeant contraignant et emprunt de pression machiste. Il a même totalement disparu pendant une dizaine d'années. Réhabilité par des stylistes comme Chantal Thomass, il a faiblement refait surface, avec seulement un million et demi de paires de bas classiques vendues en 2008, contre 50 millions de collants. Mais la vente de 7,5 millions de bas jarretières (qui tiennent seuls et se mettent avec la même facilité que des chaussettes) vient améliorer ce faible score. Les femmes aujourd'hui « portent les bas avant tout par conviction, en assumant leur côté érotique et ludique, nous dit encore Claude Vittiglio. Ce sont les femmes de la génération Dim Up (1986), ces "filles aux bas Nylon" chères à Julien Clerc (1984) qui ont désacralisé le bas en le mettant à la portée des regards et des caresses. Jusqu'aux années 60, une femme portait des bas par devoir plus que par désir. Aujourd'hui, l'intention a succédé à la fonction ».

La chaussure à talon, sa cambrure, la finesse de son aiguille ont des fonctions érotiques qui caressent même l'anthropologie. Agnès Giard en fait une remarquable synthèse (« Talons hauts : défier les lois de l'apesanteur », secondsexe.com). « D'après le Harper's index, les talons hauts font ressortir les fesses de 25 % environ. Pour le sexologue Alfred Kinsey, la jambe féminine adopte alors la même attitude que pendant l'orgasme : "Le pied se tend jusqu'à s'aligner avec le mollet" dit-il. Linda O'Keefe, auteur du livre *Chaussures*, précise même : "La cheville en tension et le pied dans le prolongement de la jambe sont les signes quasi biologiques de disponibilité sexuelle. Le talon aiguille impose au pied une position que les anthropologues appellent 'parade de séduction'. Le centre de gravité se déplace vers l'avant, la courbe des reins s'accentue, les jambes s'allongent, le cou-de-pied devient sinueux comme un cou de cygne... L'effet de suggestion est tel qu'aucun homme ne peut y rester insensible". »

Ce que le vêtement dit de notre société aujourd'hui

L'apparition du sida dans les années 80 a mis un frein à la liberté sexuelle que notre société affichait. Le sida a compliqué les rapports sexuels entre partenaires, mais il n'est pas le seul. L'autre raison, des plus inattendues, nous est expliquée par Frédéric Monneyron :

C'est l'invasion des femmes dans les études supérieures. Aujourd'hui, les femmes sont plus diplômées que les hommes. 65 % des filles ont le niveau bac, contre 35 % des garçons seulement. Elles sont plus diplômées, mais comme elles ont gardé plusieurs tâches (travail, maison, enfants...), elles ont moins d'ambition dans leur carrière. Les représentations n'ont pas suffisamment bougé pour qu'une femme puisse penser avoir un compagnon intellectuellement inférieur à elle. Il y a donc embouteillage. Plus une fille est diplômée, moins elle a de chances de trouver un partenaire. En gros, cela donne trois filles pour un garçon à niveau d'études équivalent. La société a changé plus vite que les représentations. Forcément, de nombreuses filles se retrouvent sur le carreau, et les garçons se retrouvent, eux, dans une situation de polygamie potentielle. Et ils sont effrayés par cette volonté de se caser. Ça ne va pas dans le sens d'une sexualité épanouie. Le sida pèse beaucoup sur les corps. Cette situation d'embouteillage aussi. Les psychanalystes ont tendance à considérer le désir féminin comme le désir d'un désir. Les femmes ont besoin d'être désirées pour être désirantes. Or les hommes n'osent plus exprimer leur désir à cause de l'écart qui s'est creusé entre eux et les femmes. Et les femmes ne font toujours pas le premier pas. Même celles qui disent qu'elles le font laissent bien souvent le geste à l'homme. Un homme qui a de plus en plus souvent peur de le faire...

Depuis la fin des années 80, sont apparues les superpositions. Des pulls sur d'autres pulls, des robes sur des pantalons, des chaussettes sur des collants. On court-circuite le désir.

Plusieurs couches-emboîtements sont des constantes de la mode depuis le début des années 90, explique Monneyron. C'est significatif d'un monde qui a peur, qui se replie sur soi, sur l'intime. Nous sommes dans une société dépressive, une société qui a peur. On voit par exemple les sous-vêtements apparaître sur les vêtements. Mais un soutien-gorge apparent c'est la négation du désir. Par définition, le sous-vêtement est fait pour ne pas être vu. Il tient sa charge érotique du fait qu'il ne peut être vu que dans la sphère intime. À partir du moment où on le met dessus, il perd toute charge érotique. Avant, quand une femme sentait la bretelle de soutien-gorge qui sortait, elle la remettait aussitôt en place. Aujourd'hui on la montre délibérément, et c'est significatif d'un désir qui est en berne. C'est la même chose pour le string. 70 % des hommes trouvent que le string qui sort du pantalon n'est pas érotique. Encore une fois, si on expose, on perd la charge érotique. Les vêtements qui s'accumulent vont dans le même sens. Une société pas très à l'aise et qui a désormais des difficultés avec la sexualité. Les psychanalystes le confirment car ils voient un grand rajeunissement de leurs patients. Et bien souvent des patients qui n'ont pas du tout de vie sexuelle. Les images dont on nous abreuve sont trompeuses.

Nous avons questionné Frédéric Monneyron sur les mannequins, maigres, quelquefois anorexiques, sombres, rarement souriantes. Des « planches à pain » pour certains, qui peuvent donner l'impression d'être également des « planches à pain » au lit, et qu'on érige pourtant en exemples. Les femmes qu'on nous montre, ces modèles, ont une féminité modérée.

Les mannequins ont toujours été très maigres, ce n'est pas nouveau. Et il se trouve que pendant très longtemps, elles n'ont pas souri. En fait, à l'origine, c'était souvent des prostituées. On les appelait alors des sosies, et elles étaient très peu payées. Il a fallu attendre les années 20-30 pour que ça change un peu. Mais même Coco Chanel, à qui l'on doit la démarche et la posture des mannequins, les payait très peu et disait : « Qu'elles se trouvent des amants ! » C'est Christian Dior qui les a fait sourire dans les années 40 avec le New Look. Mais dans les années 80, à nouveau le sourire s'est éteint. Même si les mannequins ont toujours été anorexiques, aujourd'hui cela atteint des extrêmes. Bien sûr ces images de mannequins anorexiques qui ne sourient pas, habillés en noir, les maquillages charbonneux, tout ça est révélateur d'une société qui va mal, qui est sombre, qui est prise dans l'angoisse de la mort. Le confort va également dans le sens d'un retour sur soi et non d'une ouverture vers le monde et vers les autres. Aujourd'hui, l'exigence de confort est très forte et cette exigence va dans le sens d'une société qui se replie. La plupart des gens portent des baskets, c'est très révélateur. On ne veut plus souffrir dans ses vêtements. Il y a des limites, mais le vêtement doit donner un minimum de discipline. Schiaparelli disait « n'ajustez jamais la robe au corps, mais disciplinez le corps pour qu'il s'adapte à la robe ». Saint Laurent disait, lui, qu'il travaillait sur le désir, la beauté, l'élégance, et désormais, tous ces concepts sont suspects. La beauté elle-même est devenue suspecte. Par une sorte de démocratisation générale, la beauté fait peur. Le désir lui aussi est considéré comme dangereux.

Loin de nous l'idée de condamner les mannequins trop maigres, loin de nous l'idée d'un avenir sombre et redoutable, loin de nous également l'idée d'une dictature du vêtement, qu'il soit ouvert ou fermé, provocant ou pudique. Il est des jours où la femme a un réel besoin d'affronter le monde en pantalon, pour conquérir sa place dans la société ou simplement détourner le regard concupiscent des hommes. Mais se pose malgré tout la question de ce qu'est la féminité aujourd'hui. En se glissant dans le costume de l'homme, nous avons obtenu notre émancipation économique, mais dans ce même costume, nous avons contraint nos chairs et quelquefois aussi brimé nos pulsions érotiques. La question se pose de savoir s'il

ne serait pas temps aujourd'hui de continuer ce travail d'émancipation économique et charnel en enfilant de nouveau un vêtement qui nous soit propre,
qui soit le reflet de notre identité, ou bien si au
contraire la question de la différentiation homme/
femme n'en est plus une, et que les signes d'une
mode unisexuelle ne sont que les prémices d'un nouvel ordre général.

10

LE SEXE ET L'ARGENT

Ces deux-là réunis forment un couple épatant, un vivier d'intrigues sulfureuses ourdies dans de nombreux films ou romans. Mais dans la vie réelle, le sexe et l'argent, et plus encore leur corrélation, demeurent tabous. Sans doute en raison de la persistance de diktats moraux très forts. Que l'un soit un moyen et l'autre une fin – que l'on paye pour avoir du sexe ou que l'on s'offre pour avoir de l'argent –, sexe et argent sont pourtant interdépendants. Jusque dans l'institution maritale, qui invite à « consommer l'union ». Jusqu'à peu, ces transactions étaient très sexuées : l'homme était le pourvoyeur, la femme le récipiendaire. Mais l'accès des femmes à leur autonomie financière, qui ne date que de 1965, change la donne.

Alors, nouvelles actrices de notre vie financière, et donc de notre vie intime ?

Les raisons d'une union

« L'amour et l'argent sont comme ces personnes qui feignent de ne pas se connaître et qui se trouvent sans cesse dans des rendez-vous secrets » (Abel Bonnard, *L'Argent*).

Pour le Dr Waynberg, il faut chercher dans l'histoire de l'humanité la clé de la chaîne. « Depuis la préhistoire, la sexualité entre dans un système de troc. Elle a valeur d'argent avant son invention, qui vient avec celle des chiffres. » Plus précisément, c'est la femme, et à travers elle la survie de l'espèce, que l'on a achetée pendant des milliers d'années. « Le sexe, c'est de l'échange, poursuit-il. On paye tout le temps, on a toujours payé. »

Pour Marie-Noëlle Maston-Lerat (*Psychogénéalogie, relation à l'argent et réussite*, éd. Quintessence), « le lien entre sexe et argent [...] remonte à la toute petite enfance, lorsque le nourrisson a tout autant besoin d'être comblé de nourriture que d'être comblé affectivement ».

Ainsi, le premier point commun entre ces deux nerfs de la relation à l'autre est la jouissance, ou la frustration, son envers. De là, peut-on déduire que l'on dépense son argent comme on vit sa sexualité ? « Oui, dans la majorité des cas, répond le Dr Odile Guillard, psychiatre et sexologue. Il est rare de voir un radin devenir très généreux au lit... » D'autant que les grands avares de la littérature (Harpagon en tête) se doublent souvent d'incurables impuissants ! La dépense forcenée, quant à elle, est plus l'apanage des femmes ; Zola, qui a très souvent décrit ces claqueuses aux mains percées, les soupçonnait d'être frigides (elles l'étaient sûrement, mais l'Église et l'éducation y étaient pour beaucoup) et de combler par l'achat l'absence de jouissance sexuelle.

Ce lien est si connexe que le langage lui-même confond sexe et argent, comme le montre M.-F. Hans dans *Les Femmes et l'argent* (Grasset, 1998) : ne dit-on pas d'un être qu'il nous est cher, que pour lui on est prêt à payer de sa personne, à se mettre en frais, voire à se donner ? Ne parle-t-on pas de commerce amoureux et de gage de l'amour ?

La linguiste Françoise Douay-Soublin insiste sur la sexualité de l'argent : le mâle émet et répand, la femme reçoit et engrange dans son sexe « semblable à la fente où l'on glisse sa pièce, à la tirelire que l'on bourre, au tiroir-caisse où se niche le polichinelle »...

Et si les changements liés à la nouvelle indépendance financière des femmes précédaient un changement de langage ? Car il n'est plus rare d'entendre des jeunes femmes parler d'un homme comme d'une affaire, oser dire qu'elles baisent, ou que telle chose, voire tel homme est bandant...

Le sexe CONTRE de l'argent

Du côté des hommes, qui ont toujours eu la main à la bourse (sans mauvais jeu de mots...), l'argent a longtemps servi de sésame ouvrant les portes du plaisir, et pas seulement auprès des prostituées. Nombre de psychanalystes tendent à montrer que la

165

principale angoisse intime de l'homme occidental est son incapacité à évaluer le désir ou le plaisir de sa compagne. Donc, payer le rassurait autrefois, le libérant de faire jouir sa femme. Maintenant que cette dernière n'a plus obligatoirement besoin de lui pour subvenir à ses besoins, la « prostitution bourgeoise, légitimée par le mariage » pour reprendre l'expression de M.-F. Hans, a moins de raison de perdurer. Même s'il existera toujours des unions basées sur l'argent.

Autre phénomène relayé par les médias, la prostitution étudiante fut l'objet des recherches d'Eva Clouet. Elle témoigne :

> J'ai découvert des personnes qui revendiquaient un choix et même du plaisir. Chez ces étudiantes qui ont besoin d'argent, tout est réfléchi. Elles disent bien le vivre, à condition de poser leurs conditions : pas tous les jours mais au maximum deux fois par mois, et avec des hommes sélectionnés. Elles se donnent le droit de refuser, revendiquent le « social time », temps de discussion et de rencontre. Elles n'ont pas de proxénète. [...] Leur choix est logique dans une société comme la nôtre, patriarcale et capitaliste, où sans argent on n'est rien. [...] La sexualité reste fortement cadrée, normée. L'une de mes enquêtées, Claire, m'a dit que son désir d'avoir plusieurs partenaires faisait d'elle « une salope », que les « coups » d'un soir, gratuits, lui donnaient l'impression d'être une pute ; donc, autant se faire payer, à condition de choisir des hommes qui la séduisent. Elle se dit valorisée par l'argent qu'ils lui donnent.

Pour le Dr Guillard, ce phénomène, même peu répandu, montre comme les mentalités changent :

« Mes jeunes patientes, à l'inverse des femmes plus âgées, disent pouvoir facilement séparer sexe et sentiment, ce qui autorise plus de choses. »

Pour autant, est-ce que leur relation à l'argent est plus simple ? L'éducation des filles, depuis les années MLF, consacre leur indépendance. Mais construire son autonomie financière, ce n'est pas forcément répondre à la question de sa propre place dans le triangle moi – les autres – l'argent.

Sexe et argent dans le couple

Pour Thierry Gallois, auteur de *Psychologie de l'argent* (J'ai Lu, « Bien-être », 2006), l'argent est une des causes majeures de discordes dans le couple (une étude avance que 46 % des divorces sont motivés par des dissensions d'ordre financier). Il est plus que nécessaire de parler d'argent avec son conjoint car « la réussite d'un couple tient à l'équilibre des compétences exercées par chacun, à la distribution des territoires. Or l'argent est un territoire que chacun peut chercher à occuper. [...] Celui ou celle qui fait vivre la famille, ou rapporte le plus de subsides, peut s'octroyer davantage de pouvoir ou s'en trouver investi par son conjoint ».

Pour M.-F. Hans, le sentiment de puissance qui émane de l'argent a encore très souvent un fort pouvoir érotique, lorsque c'est l'homme qui possède le grisbi... et de citer l'exemple de Caroline Leonetti Ahmanson, femme d'extraction modeste qui fit des études puis fortune, devint indépendante et quitta son mari. Se disant vaccinée contre le mariage, elle convola pourtant en secondes noces avec un milliardaire, impressionnée par sa réussite et sa richesse, le trouvant exceptionnel. L'historienne raconte encore le regard émoustillé de certaines enquêtées, à la vue de liasses de billets dans la main d'un homme. Ces femmes aiment l'argent, mais aussi l'énergie, l'intelligence ou l'autorité que leur amant a dû déployer pour l'acquérir.

Difficile, dans une France où le catholicisme, puis le marxisme (selon Janine Mossuz-Lavau, *L'Argent et nous*, éd. de La Martinière, 2007) ont incliné la pensée contre le profit, d'admettre que l'argent peut être un facteur de séduction.

Il est étonnant que, quarante ans après les leçons du féminisme, nous soyons encore 39 % à penser qu'un homme doit avoir un salaire plus élevé (contre 49 % en 2004) selon une enquête TNS Sofres pour LCL, et 44 % que c'est à l'homme de payer au restaurant.

Du côté de ces messieurs, ce n'est guère plus clair : 56 % des hommes interrogés pensent aussi qu'ils doivent payer, tout en disant à 53 % qu'avoir une compagne qui gagne plus est une situation avantageuse...

Pour le Dr Waynberg, c'est la manifestation d'un « grave bouleversement » dans les rapports homme/femme. Et le problème viendrait d'elles...

Les « nouvelles riches »

M.-F. Hans nous apprend que « voici des siècles, en plein âge courtois, le troubadour recevait de sa dame cadeaux et argent. Sans l'ombre d'un malaise, sans crainte de ne pas être aimée pour elle, la dame maniait le pouvoir financier ; elle admettait fort bien que sa richesse fît partie de sa séduction. [...] Or bizarrement, on sent chez les femmes actuelles une peur de se dévaloriser en payant ». Serait-il impossible de mettre l'homme sous le joug monétaire de la femme ? Dans une société machiste, sans doute... « En revanche, poursuit-elle, sur une autre planète, celle des richissimes, ces traditions n'ont pas cours, citant le cas de Barbara Woolworth qui entretint sept maris, les "dédommageant" de quelques centaines de milliers de dollars lorsqu'elle les congédiait, lassée. Hors des codes ordinaires, lorsque l'argent fait partie de l'identité d'une personne, il ne se charge pas de double ou triple sens. »

Sur la planète ordinaire, le Dr Waynberg tient à rappeler que « le niveau érotique du couple dépend beaucoup de son niveau économique. Quand on n'a pas d'argent, ou qu'on travaille beaucoup pour en gagner, la sexualité n'existe pas ou quasiment ». Or, c'est aussi par nécessité économique que les femmes choisissent de travailler. Et il arrive qu'elles gagnent plus que leur homme. « Je ne suis pas certain que ce soit un progrès, poursuit le Dr Waynberg. La sexualité perd son caractère d'échange, cela brouille les pistes. Où est le pouvoir ? Où est l'autorité ? La féminité devient une maladie. » Constat pessimiste, réactionnaire, mais lucide par ailleurs : « Ce qui était promis, c'était l'égalité, le respect, etc. Or, ce que je vois dans mon cabinet, ce sont des femmes seules, dépressives. D'accord, elles ont gagné l'indépendance mais aussi les aléas professionnels, les jalousies, les rivalités. » Et les hommes ? « Leur vie à eux n'a pas changé. À moins d'avoir une très forte personnalité, ils ne veulent pas de ces femmes, qu'ils plaquent pour leur secrétaire... et pour couronner le tout, elles sont détestées par leurs enfants qui ne voient pas assez leur mère. » Le Dr Guillard, désappointée, opine : « Les femmes que je reçois, brillantes, puissantes et financièrement très valorisées, finissent par prendre goût au pouvoir, et occuper le territoire partout. Mais elles s'épuisent. Je remarque aussi qu'elles perdent peu à peu les atours de leur féminité... » Mais pourquoi ne seraient-elles pas épaulées par les hommes ? « Elles ont tout ! Pour un homme, si une femme lui fait comprendre qu'elle peut s'offrir la bague de ses rêves, c'est très frustrant. » En effet, Juliette, très jolie trentenaire ayant un poste à responsabilités et le salaire qui va avec, constate, rupture après rupture : « Ils me disent tous que ça leur fait peur, de ne pouvoir me donner que de l'amour. » Alors que, justement, nous pensions que, débarrassées de tout le contingent, les amours ne seraient que plus simples et riches. Belle ironie !

Lorsque nous les avons questionnés sur leur libido au contact d'une fille plus riche, la plupart des garçons ont affiché une aisance et une tolérance exemplaires. Deux exceptions toutefois : Alain, 28 ans, commerçant, avoue qu'une business woman lui mettrait la pression sexuellement.

> J'ai déjà couché avec des filles brillantes, indépendantes, ça me plaît beaucoup. Mais une fille vraiment blindée,

qui le fait sentir, je me sentirais obligé de faire en sorte qu'elle en ait pour son argent ! Je serais plus entreprenant, plus dominateur. En revanche, j'ai détesté me sentir convoité pour ma situation. Ça rend la fille très docile, très généreuse, c'est suspect.

Philippe, 40 ans, dans le cinéma, vient de se séparer de la mère de ses enfants, une « killeuse » d'un cabinet de consulting.

Notre séparation est très politique. Elle s'est laissé bouffer par le système. Sa revanche personnelle, professionnelle, a fini par contaminer notre couple. Elle me regardait durement, j'avais l'impression d'être le client qu'elle disséquait. Elle ne supportait plus que j'accepte des boulots intéressants mais mal payés, et moi je la trouvais corrompue...

Depuis, Philippe confesse une extinction de sa libido ; il ne se dira pas dévirilisé, mais avouera que récemment, se faisant draguer par une autre femme « grande gueule, affichant sa réussite », il s'est enfui en courant, avec le sentiment d'avoir échappé à une mère fouetteuse !

Si le Dr Waynberg prévoit un « retour de flamme dans une ou deux générations », le Dr Guillard pense qu'on « ne reviendra pas en arrière, et tant mieux. Mais peut-être que les femmes devraient accepter de laisser une partie de leur pouvoir au bureau, et de faire de la place aux hommes à la maison ».

L'argent, qui était un attribut masculin, se féminiserait donc ? La femme étant plus souvent aux commandes des cordons de la bourse, ce n'est pas si étonnant. Cette dernière n'a somme toute aucun intérêt à rogner sur sa féminité en augmentant son capital. Peut-être même a-t-elle le pouvoir de désenclaver l'argent lui-même, de lui faire profiter de son élan émancipateur. Voyez les films, lisez les livres : la fiction s'est emparée et nourrie de la sexualité de chacun(e), mais quel artiste ose dire ou montrer avec quel argent tel personnage s'envoie en l'air dans des hôtels de charme ou vit sa vie, tout simplement, quand la littérature du XIXe ne nous épargnait aucun détail sur la situation économique de ses héro(ïne)s. Comme si un tabou en remplaçait un autre...

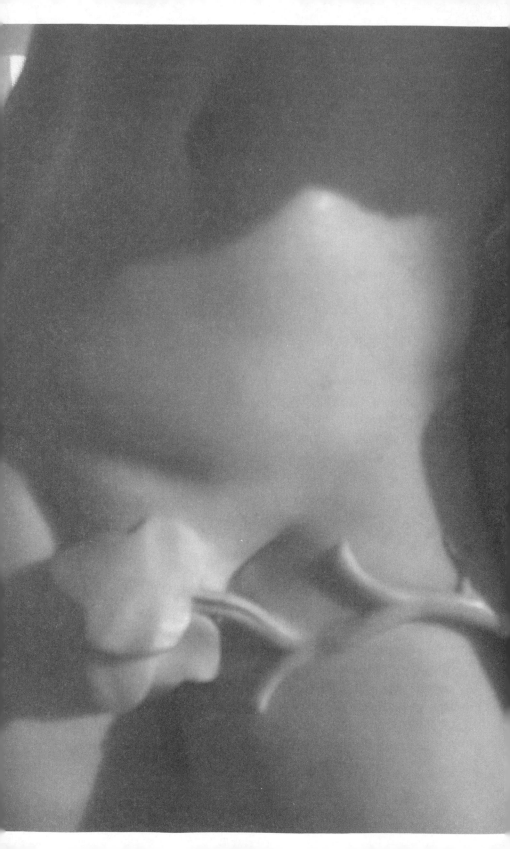

11

LE SEXE TARIFÉ

S'il demeure un bastion réservé aux hommes, c'est bien la prostitution. Les femmes ont ainsi la suprématie du « plus vieux métier du monde » pour quelque temps encore. Mais, tandis que certains courants féministes et prohibitionnistes s'affairent à interdire ce qu'ils apparentent à du viol (« Il y a dans la prostitution et le viol la même appropriation par les hommes du corps des femmes » *Bulletin du Collectif féministe contre le viol 2002*, cité par Élisabeth Badinter), fustigeant la commercialisation du sexe, assujettissant les prostituées en victimes absolues, en ignorant celles (car il y en a) qui ont fait ce choix librement, d'autres femmes se payent des hommes.

S'il est vrai que l'on doit séparer la libre prostitution et la traite d'êtres humains, commerce basé sur la tyrannie et la déshumanisation, on ne peut pas mettre en opposition la « bonne sexualité », gratuite donc pure, fondée sur la réciprocité du désir, et la « mauvaise sexualité », celle que l'on achète.

La prostitution n'est pas une pratique propre à l'homme. Elle a aussi été observée chez des espèces animales, notamment chez les macaques à longue queue qui offrent non pas de l'argent, mais un service consistant à épouiller une femelle et à nettoyer son pelage avant d'obtenir ses faveurs. Ainsi une étude publiée en décembre 2007 dans la revue *Animal Behavior*, portant sur cinquante groupes de macaques à longue queue et 243 séances d'épouillage, a constaté que les femelles s'accouplaient deux fois plus souvent quand elles venaient de se faire épouiller par un mâle. La durée du soin peut aller de quelques secondes à une demi-heure voire plus, et elle augmente si le mâle a un statut inférieur ou si le nombre de femelles est restreint. La prostitution existerait également chez les manchots Adélie et chez certains insectes.

D'aucuns riposteront en arguant que nous ne sommes précisément pas des animaux. Il ne s'agit cependant pas de voir les choses de manière aussi manichéenne. Ce qui nous intéresse est la relative nouveauté d'un phénomène qui tend vers la parité du plaisir tarifé.

Nous avions connaissance de ces femmes plutôt âgées qui, au dancing du restaurant La Coupole, alpaguaient de jeunes éphèbes ; ou de ces « tapins » pour homosexuels qui stationnaient sur des boulevards chic à l'orée des bois. De la prostitution masculine, oui, mais en marge, inavouable. Depuis quelques années, les choses se sont organisées, codifiées.

Mais la législation étant très délicate sur le sujet, elle oblige à déguiser ces activités sous des habits faussement innocents. La France, qui a été le pays d'origine du réglementarisme, a changé d'orientation en 1946 avec la loi « Marthe Richard » qui tend vers une abolition de la prostitution dans son ensemble. Aujourd'hui, en France, la prostitution est autorisée, mais le proxénétisme est interdit, tout comme le racolage, même passif, depuis 2003.

À ce jour, les résultats les plus significatifs de la logique réglementariste se trouvent dans les législations des Pays-Bas et de l'Allemagne suivis par l'Autriche et la Suisse. La plupart des autres pays sont abolitionnistes. Ils refusent toute réglementation qui ne peut que cautionner l'existence de la prostitution.

Mais, quelle que soit la législation, la prostitution existe mondialement, avec pour nouveauté l'apparition d'un marché où les femmes n'offrent pas leurs services mais les demandent, la parité entre dans le domaine de la prostitution : elles sont enfin clientes. Et il ne s'agit pas là de femmes qui n'auraient d'autres choix, mais de femmes qui ont envie de ce choix.

Sous escorte

Cliente est le titre du dernier film de Josiane Balasko. Judith, l'héroïne interprétée par Nathalie Baye, apparaît dans la vie de Marco/Éric Caravaca, qui est « escort », ce joli mot qui sert de couverture et a remplacé le terme de gigolo.

> Je pars toujours de modèles masculins, raconte Josiane Balasko (*Studio Magazine*), parce qu'on vit tout de même dans un monde d'hommes. Si on veut avancer, voyons ce qui se passe chez eux ! Or les hommes qui veulent

simplement « tirer un coup » ont toutes les possibilités. Mais les femmes ? Elles aussi ont des désirs, des pulsions, des fantasmes. Vers 40 ans, j'étais entourée d'amies divorcées et seules. Aucune ne m'a fait de confidence au sujet d'un escort boy, qui me semblait pourtant une possibilité pour ne pas rompre totalement avec la gent masculine.

Sa Judith est une femme d'affaires divorcée, l'argent n'est pas un problème pour elle. Une réplique résume bien son mode de vie : « Je ne paye que pour le plaisir, j'ai bien assez payé pour le reste. » Elle s'offre donc une ou deux fois par mois quelques heures avec un homme choisi sur un site spécialisé. Ensemble ils vont au restaurant, à moins qu'ils n'aient convenu d'un autre scénario plus divertissant.

Ces séquences du film ressemblent de très près aux extras de François, acteur de films X qui accepte quelques « plans privés » comme il les nomme.

> Cela a commencé un peu par hasard, avec des femmes qui, connaissant mon métier, ont osé me proposer de louer mes services. Beaucoup sont devenues des amies. Ce sont de belles femmes, 40-50 ans, qui en général sont mariées à des hommes riches, mais avec lesquels elles s'ennuient. Mes tarifs ? De 500 à 1 500 euros pour une heure ou deux, et jusqu'à 3 000 la nuit. Mais ça leur coûte plus cher en restaurant ou en hôtel. Elles m'appellent parfois à 3 heures du matin et j'arrive. En général, avant, nous allons déjeuner ou dîner dans un grand restaurant, nous discutons de choses et d'autres. En plus des performances requises, il est nécessaire de posséder un minimum de culture générale, ça fait partie du ser-

vice. Pour faire monter leur désir, il faut qu'il se passe un truc.

Et pour Josiane Balasko aussi, il n'y a pas d'équivalence entre la démarche masculine, qu'elle voit comme un exécutoire physique, et le phénomène de l'escort pour les femmes, où le protocole donne une illusion de relation.

La morale en question

L'actrice/réalisatrice a rencontré un certain nombre d'embûches avant de pouvoir tourner *Cliente*. Elle avait écrit un premier scénario, en 2002. Les producteurs ayant rejeté l'idée du film, elle en a tiré un livre, dont le succès honorable a fini par lui donner raison et lui permettre de le monter à l'écran.

> Le sujet rebutait les producteurs, cette femme qui maîtrise son plaisir et ce type qui fait la pute. Leurs réactions ont été radicales, très violentes, l'un d'entre eux m'a même rétorqué qu'il préférerait apprendre que sa femme a un cancer plutôt qu'elle le trompe ainsi. [...] On n'a pourtant jamais vu de producteur refuser de financer un film sous prétexte que le héros fréquente des prostituées. Je me suis dit que si les gens réagissaient comme ça, c'est que le sujet était vraiment fort. (*Elle*)

François confirme : « Les métiers du sexe sont beaucoup plus difficiles pour les femmes. Qu'elles soient actrices porno ou escort, on les traite de putes. Pour nous les hommes, c'est différent, c'est beaucoup moins

péjoratif. Mes copains acteurs m'envient, ils aimeraient beaucoup avoir des plans privés, c'est assez
valorisant, et très rémunérateur. » Hasard ou phénomène signifiant, François et le héros de *Cliente* sont
tous deux mariés et leurs femmes sont au courant de
leurs activités. Toutes deux le vivent plutôt mal, mais
l'acceptent. *A contrario*, existe-t-il beaucoup de prostituées ou d'escort-girls mariées, dont les conjoints
sont au courant de leurs activités ? François admet
qu'il préférerait que sa femme couche avec un autre
homme qu'elle paierait, mais qu'il ne supporterait
pas qu'elle fasse le même métier que lui.

Jalousie, certes, mais surtout signe d'une persis-
tante assimilation du féminin au sentimental, comme
si nous ne pouvions recevoir ou donner du sexe
contre de l'argent sans que cela choque le consensus.
« Une femme seule dans un dîner est mal vue socialement, mais si elle s'offre la compagnie d'un homme,
c'est encore plus mal perçu », ajoute Balasko.

Ainsi, l'argument souvent avancé par les hommes
et les femmes interrogés sur le sujet est : pourquoi
payer si l'on peut avoir *la même chose* gratuitement ?
De fait, les clientes de François sont à l'image de
Nathalie Baye, belles, élégantes, intelligentes, et elles
n'auraient aucun mal à rencontrer des hommes
« bénévoles ».

Je jouis donc je paye

Ce n'est justement pas la même chose dès lors
qu'on l'achète.

Le fantasme de s'offrir un homme est un fantasme féminin répandu, comme celui de devenir une prostituée pour une nuit. On se dit alors : je vais rencontrer un inconnu que je vais payer pour qu'il fasse ce que je veux.

Josiane Balasko a beaucoup lu, visionné des émissions avant de faire son film. « Ce qui ressortait de ces documents, c'est que l'argent est une protection contre l'affect. Le contrat et l'échange fixent une limite à la relation. »

C'est exactement pour cette raison qu'Emmanuelle a décidé de recourir à des professionnels. À 41 ans, elle attend son quatrième enfant. Mariée depuis onze ans avec un homme de douze ans son aîné, riche et également séduisant, cette très belle femme ne travaille qu'occasionnellement. Elle dit aimer son mari mais s'ennuyer un peu avec lui. Ensemble, ils ont commencé par expérimenter le triolisme, les boîtes d'échangisme, jusqu'au jour où Emmanuelle est tombée amoureuse d'un autre homme. Son mari en a beaucoup souffert, ils ont arrêté cette forme de sexe à plusieurs ; Emmanuelle a donc eu l'idée de payer des hommes et des femmes.

> Toute de suite il a été évident entre nous que c'était moi qui payais puisque c'était moi qui le voulais. Au début, on était toujours ensemble avec une femme ou avec un homme. Puis très vite, j'ai eu envie d'essayer seule.

Environ une fois par mois, Emmanuelle appelle donc une agence d'escort-boys pour « s'offrir un homme. C'est très impulsif. Je ne prévois jamais. Ça me prend, j'appelle, on m'envoie quelqu'un, je réserve une chambre dans l'hôtel juste à côté de chez moi, et voilà. Cela se passe toujours dans la journée ». La comparaison avec le personnage de *Cliente* s'arrête là. Emmanuelle ne trompe pas sa solitude, elle refuse même tout embryon de relation.

> Ce n'est pas toujours le même type mais cela arrive. J'aime bien quand ils sont un peu vulgaires. Mon mari est tellement raffiné... Il y en a un que je préfère, mais il est rarement libre. Mais en fait, ça m'est égal. On ne se parle presque pas. Je ne pourrais jamais dîner avec ces hommes-là. Pour moi, c'est exactement comme si je me masturbais sauf qu'à la place du jouet il y a un homme. Cela m'arrive même d'inviter une amie et de faire venir un homme pour nous deux. Alors là, ça peut durer des heures. Quand je suis seule, ça va très vite. Sauf les jours où je veux un massage avant. Là, c'est divin, mais je n'ai pas toujours le temps.

Là où acheter est exister

Fantasme, volonté d'initiation, envie de sexe pur et dur, les motivations sont plurielles, mais le résultat est là. Enfin, moins en France qu'ailleurs, quand même...

Première surprise : l'Espagne. À Valence, l'ouverture prochaine d'un bordel réservé uniquement aux femmes a fait la une du *Times*.

> À l'origine de cet énorme battage médiatique : Barbara, 35 ans, une ancienne prostituée reconvertie dans le

182

business d'escort. Elle a lancé sa propre agence et les femmes qui travaillent pour elle sont payées 1 200 euros la nuit. Barbara voit grand. En mai 2006, elle fait savoir par voie de presse qu'elle veut aussi faire travailler des hommes, dans un établissement de luxe – et de luxure – au nom révélateur : « Olé ». Pour Barbara, ça ne fait pas de doute : ses clientes crieront « Olé, olé ! » toute la nuit entre les bras de brûlants hidalgos... (Agnès Giard pour SecondSexe).

Pour l'instant, ce bordel pour femmes n'est qu'un projet qui ne verra peut-être pas le jour, mais qui révèle une vraie évolution des mentalités dans un pays à forte tradition catholique.

Il faut aller à Moscou, dans un club de strip-tease ouvert en 2005, pour voir des femmes faire un peu plus que glisser quelques billets sous l'élastique d'un slip d'homme. « Les femmes du peuple comme les riches bourgeoises viennent s'y rincer l'œil, explique un journaliste interrogé par Agnès Giard. Mais à la différence des autres clubs de strip, ici, elles peuvent jauger intégralement les hommes, les caresser, les palper, les soupeser et même les transformer en poupées gonflables. » Pour 1 500 roubles (42 euros), ces strip-teaseurs d'un genre spécial s'offrent non seulement en spectacle, mais en pâture. On a le droit de toucher à la marchandise. Et même de pratiquer une petite fellation, histoire de vérifier que le sexe en érection atteint la taille convenable (au minimum deux fois la taille)... Pour s'isoler dans un boudoir, c'est 500 roubles – 18 euros – d'extra. Il paraîtrait que les cinq boudoirs du club sont occupés en permanence le soir. La femme qui dirige ce night-club trie ses employés sur la virilité. C'est le critère essentiel pour faire partie du personnel : il faut pouvoir bander sur commande.

En Afrique du Sud, la « House of Spartacus », créée en 1999 à Johannesburg, s'attire une foule de célibataires, toutes plus militantes les unes que les autres à l'idée de s'offrir un « homme à louer ». Dans un article du magazine *Marie Claire* local, on apprend qu'en plus d'un service de restauration ordinaire les hommes aussi sont au menu. On peut également se faire livrer à domicile. La « House of Spartacus » est considérée comme la plus grosse entreprise au monde spécialisée dans la vente de services sexuels aux femmes. L'accompagnement (service d'escorte) y est tarifé 50 euros l'heure. Le sexe 130 euros l'heure. Sans oublier les pourboires, « énormes, mais il faut les mériter ».

Les Asiatiques ne sont pas en reste. Depuis cinq ans, les « giglis » (gigolos) sont ouvertement sur le marché. À Pékin, les « yazi » chinois (les « canards », équivalents mâles des « poules ») font partie d'une soirée réussie entre filles. « Les femmes payent pour boire et s'amuser avec nous, raconte Xiao Yu. Si elles veulent plus, on va à l'hôtel. Elles payent une chambre pour la nuit et les prix grimpent. » Ils draguent leurs clientes – souvent des femmes mariées – avec la certitude de ne pas chômer : la demande en Chine est colossale et les épouses délaissées y abondent.

À Bangkok, en Thaïlande, 30 000 gigolos offrent également leurs services. Ceux qui couchent aussi bien avec les hommes qu'avec les femmes sont appelés « taxi boys ». Parce qu'il suffit de dresser la main dans la rue pour en trouver un.

Au Japon, des « Host boys » manucurés et permanentés travaillent comme salariés dans des clubs qui – officiellement – ne procurent que des boissons et le plaisir d'une conversation... Conversation qui se finit presque toujours, très discrètement, dans un love-hotel.

En Afrique de l'Ouest, comme l'a montré Laurent Cantet dans son film *Vers le Sud* avec Charlotte Rampling, d'innombrables garçons attendent aussi la touriste, si possible riche et blanche, sur les plages des hôtels-clubs : les Allemandes, les Italiennes et les Hollandaises sont avides de cette jeunesse offerte et disponible. Les couples se forment vite, le temps d'un séjour au soleil.

L'enquête d'Agnès Giard nous laisse à penser que le sexe tarifé pour femme se développe plus facilement là où le libéralisme a pris ses quartiers de manière rapide, en rupture avec une histoire socio-économique tourmentée. « Quoi de plus naturel ! s'exclame Christian Marmonnier, auteur du livre *Les Années folles des maisons closes* (Seven 7, 2007). La femme aussi a des besoins. Et surtout, ce qui est nouveau : la femme aussi a des revenus. »

Le nerf de la guerre c'est l'argent : il faut en avoir pour s'émanciper. Pour être une femme indépendante, pour conquérir sa liberté, il faut donc gagner de l'argent, mais surtout... le dépenser. Aujourd'hui, dans notre modèle de société capitalistique, la femme est devenue une cible essentielle des publicitaires et des commerçants, explique Christian Marmonnier. J'imagine qu'elle représente actuellement une part de marché importante dans le business du sexe... un business qui se renouvelle de façon cyclique, et sans état d'âme, dès qu'il y a de l'argent à prendre. Je suis d'ailleurs persuadé que nous ne sommes qu'aux débuts de cette industrie : les services sexuels pour femmes devraient se diversifier et se développer énormément dans les années à venir !

L'économiste Olivier Bomsel, quant à lui, pense que la prostitution masculine restera un luxe, sans atteindre l'équivalent du business du sexe pour homme. Il relève pourtant l'exemple de Meetic, qui a fini par également faire payer l'accès du site aux femmes, preuve que celles-ci sont prêtes à acheter leur plaisir. « Il y aura peut-être des produits de substitut au rapport, avec les mêmes fonctions que les préliminaires, mais pas la même consommation que celle des hommes ; dans le cas contraire, on aurait déjà vu le marché. » Lui opposant les chiffres relatifs au marché des sex toys, ce cartésien sceptique réplique : « La sexualité féminine demeure très marquée par la procréation. Tant que le renouvellement de l'espèce reposera sur la reproduction biologique, cela ne changera pas. Les formes de jouissance entre hommes et femmes sont différentes, les marchés sont de ce fait différents. »

Là-dessus nous sommes d'accord. Mais pourquoi ne pas voir en ce marché du sexe un moyen pour la femme de distinguer la sexualité procréatrice et la sexualité brute, désinvestie ? et que dire des femmes qui ont dépassé l'âge d'être mère ou qui ne s'y destinent pas ? Au contraire, nous croyons que pour la première fois, nous allons pouvoir sortir des sempiternels schémas de contes de fées, jouir non plus sans entraves mais sans but autre que celui de son plaisir.

Je paye donc je jouis

Revenons au témoignage d'Emmanuelle, qui va dans ce sens. Elle compare ses après-midi sous bonne escorte à une séance de masturbation, à ceci près qu'elle s'offre un homme et non un godemiché. Où est donc la valeur ajoutée ?

Pour être honnête, son plaisir à lui, je m'en fous un peu. Pouvoir se déconnecter totalement de la réalité, des sentiments, de l'autre en tant qu'autre, c'est génial. Jouir sans se demander si l'autre jouit ou pas, être juste centrée sur son propre plaisir, exactement comme les hommes qui vont aux putes. Ça n'est possible que quand on paye, exactement comme un masseur ou un esthéticien. C'est jouissif de se dire qu'on paye et qu'un homme est totalement à votre service. On a l'impression d'être une reine. Je trouve que les femmes devraient toutes essayer...

L'argent, comme booster de libido ?

C'est sûr que c'est différent d'avec mon mari, c'est pour ça que je le fais. C'est du sexe et c'est tout. Parfois je joue les dominatrices mais pas toujours. Le fait que je paye augmente le plaisir parce que je ne me refuse rien. J'ose absolument tout, sans honte, sans gêne, sans tabou, et surtout, j'ose tout leur faire, ce que je ne peux

pas oser avec mon mari. Avec mon mari les rapports sont plus tendres, mais parfois aussi plus ennuyeux...
Pour moi, c'est une vraie récréation, et en plus je sais que cela a des répercussions favorables sur moi et sur mon couple.

Le plaisir d'Emmanuelle n'est donc pas tout à fait égoïste, puisqu'elle raconte tout à son mari, par la suite.

Pour moi, ce n'est pas de l'adultère. Mon mari le sait, ça l'excite aussi. En général, quand je lui raconte, on fait l'amour en même temps. Ça nous sert, ça nous resserre !

Ce faisant, elle décline au masculin la dichotomie entre la maman et la putain, pour vivre entre son mari-papa et ses greluchons. Elle disposerait de son propre argent, la situation serait sans doute autre. La concernant, cette dépendance financière contribue à l'équilibre de son couple.

Mais dans les cas de figure où l'indépendance économique est totale, la relation est différente, avec comme quête l'idée d'un plaisir sexuel total car désinvesti du plaisir de l'autre. On en revient encore une fois à Simone de Beauvoir selon laquelle « une femme qui se dépense, qui a des responsabilités, qui connaît l'âpreté de la lutte contre les résistances du monde, a besoin – comme le mâle – non seulement d'assouvir ses désirs physiques, mais de connaître la détente, la diversion qu'apportent d'heureuses aventures sexuelles ». La prostitution apparaît dès lors comme une solution possible pour nous dégager de nos angoisses liées au plaisir de l'autre, dont dépend notre propre plaisir. Une manière de lâcher prise, d'être dans un rapport où nous pouvons faire abstraction de tout jugement, en un mot : un rapport sans conséquence.

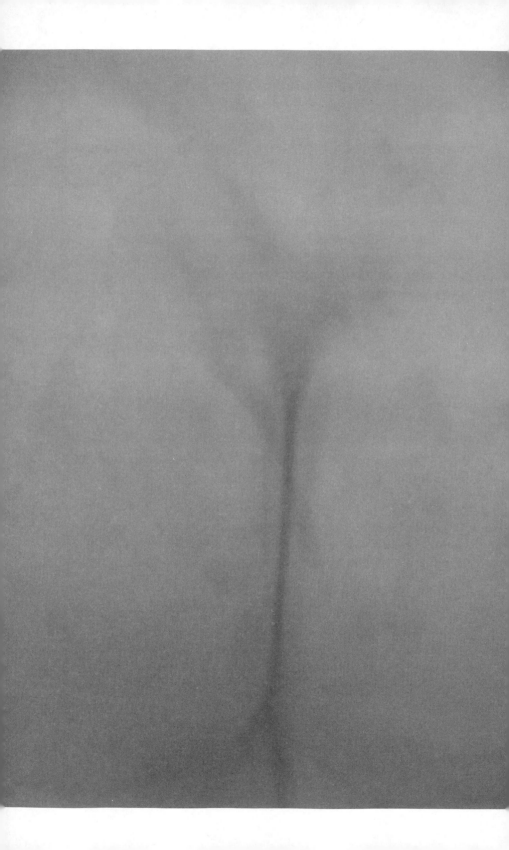

12

DE LA LANGUE AU SEXE

Hypersexualisation ou « sexomania », des néologismes qui attestent sans conteste du caractère inédit du vent qui souffle sur nos têtes. Cette libération de la sexualité, notamment féminine, se fait surtout comme on l'a dit *via* la parole, écrite ou orale. Tout le monde en parle, pour faire court. Or, comment en parle-t-on ? Comment le sexe s'énonce-t-il, comment cette évolution se matérialise-t-elle dans le langage, et plus précisément dans la bouche des femmes ?

Le langage est un acte corporel, produit par des corps, entre des corps. La psychanalyse nous révèle qu'entre l'inconscient (le latent) et le réel (le manifeste) il y a toujours un récit, quelque chose que nous nous racontons à nous et à la société, sorte de travestissement de l'inconscient par les mots pour ne pas tout à fait divulguer la vérité de nos pulsions. Le linguiste Alain Rey dit aussi que « le vocabulaire [...] cherche toujours à masquer la simplicité naturelle des pulsions, celle du corps, par un habillage tour à tour cocasse, vulgaire, argotique, badin, polisson ou galant ». Allant au sujet qui nous concerne, le lexique sexuel, il ajoute que comme « les sous-produits de l'érotisme, de la gauloiserie à la pornographie, vivent du machisme [...], le désir, le mépris et la peur des femmes ne font que transcrire dans la rhétorique les fantasmes d'une société dominée par des hommes eux-mêmes affolés par la morale judéo-chrétienne du péché ».

Le langage, première disparité

Faisons un constat élémentaire : féminin, clitoris, utérus, vagin. Quatre mots qui ne désignent que la femme, et qui sont tous du genre masculin. Preuve que LE patron règne même en maître du langage, là où nous sommes indubitablement différentes et singulières ; il a fallu que l'essence même du féminin, ce qui nous définit, soit des noms masculins ! Anecdotique ? Peut-être.

Mais, au-delà de cette question du genre qui en appelle à l'étymologie et à la philologie, nous pouvons dire assurément que, dès l'enfance, filles et garçons apprennent deux langues différentes.

Florence Montreynaud, auteure de l'essai *Appeler une chatte...*, remarque que les expressions pour parler aux jeunes filles de leur sexe le contournent le plus possible (comme « en bas »), ne la « déflorant » ainsi pas. Ainsi, les femmes sont devenues les reines de « l'euphémisme pour tout ce qui touche à la sexualité et aux fonctions corporelles », analyse Marina Yaguello (*Les Mots et les femmes*).

Pour nous, cela est à rapprocher de l'idée communément admise depuis Freud qui veut que les femmes répugnent à la grossièreté et à l'injure. De fait, laquelle d'entre nous n'a jamais entendu dire « ce n'est pas joli dans la bouche d'une fille » après avoir proféré un gros mot ?

Plus polies, moins directes dans leurs expressions, les femmes font aussi généralement un usage plus correct de la langue. L'hypercorrection grammaticale ou l'hyperprononciation sont nettement plus fréquentes chez les femmes. Toutefois, on ne peut voir l'hypercorrection comme un inconvénient pour les femmes, qui correspond à une tentative de prendre la parole. Là où Marina Yaguello retient particulièrement notre attention, c'est sur la fonction de la politesse inculquée aux filles. « Les femmes, en effet, sont dressées à être des dames, [à] réduire les frictions et les conflits, masquer les antagonismes, la désapprobation ou le désaccord. En d'autres termes, la politesse est liée à l'incapacité de s'affirmer, de dire ouvertement ce que l'on pense, de réclamer son dû, de donner des ordres. »

Nous dirions à notre tour que les femmes, trop souvent, n'osent pas *se mouiller*. Drôle de coïncidence lexicale, non ? Précisément, pour parler de « ça », F. Montreynaud rappelle que nous disposons de trois langages : les gros mots, les mots d'enfants, les mots savants. Par exemple, bite, zizi, pénis. Majoritairement, les femmes excluent de leur langage le premier registre, ne s'autorisant pas à user de toute la palette du langage, surtout s'agissant de sexe. En soi, dire zizi ou zézette avec son partenaire, pourquoi pas, à condition que cela ne soit pas une façon de la jouer petit. Le psychiatre et sexologue Willy Pasini incite à veiller à ce qu'un « vocabulaire affectueux ne cache pas une peur du sexe ».

Des gros mots pour de gros progrès

Ni affectueux ni peureux, le lexique de la jeunesse féminine fait œuvre de démenti. Gros mots, « langage mec », un bon nombre des filles d'aujourd'hui n'ont pas la langue châtiée de leurs aînées. Il suffit d'écouter leur musique. Une nouvelle génération de chanteuses françaises affirme son identité ou répond aux machos à grand renfort de paroles crues et décomplexées. Ce sont des chanteuses « qui en ont », diraient-elles.

« Jusqu'ici, seules des humoristes comme Julie Ferrier ou Axelle Laffont jouaient les *bad girls* sur scène. C'est une génération aux influences multiples – de la série *Sex and the City* au hip-hop américain, de la chanson réaliste aux Rita Mitsouko et aux Nuls – qui déboule en bloc sans crier gare » (« Les gros mots pour le dire », par Gilles Médioni, *L'Express*, 27 novembre 2007).

Koxie joue ainsi de la cédille des garçons et nous dit « gare aux cons », Yelle fait l'éloge du sex toy ou des relations « filles-filles », tandis que MeLL « donne [sa] langue au chat et [son] cul à tous les chiens ». « C'est le "Ni putes ni soumises" de la variété, poursuit Gilles Médioni. Des filles qui traitent des mêmes thèmes que les mecs et utilisent leur vocabulaire. L'humour en plus. » On pourra dire que, dans les années 30, les chansons populaires de Fréhel chantaient déjà la cocaïne, les raclées et les maquereaux qu'elles avaient dans la peau.

> Oui, mais elles le faisaient d'un point de vue misérabiliste, précise Serge Hureau, directeur du Hall de la chanson (Centre national du patrimoine de la chanson). Et elles interprétaient des textes écrits par des hommes, qui disaient donc ce qu'ils voulaient entendre : les femmes triviales ont toujours fait bander les mecs. Aujourd'hui, les filles chantent leurs propres mots ; leur parole est bien plus dévastatrice.

Nous aurions toutefois envie de leur demander pourquoi ces (gros) mots qu'elles font rimer entre eux sortent tout droit de la bouche et de l'univers strictement masculins. Car il n'est pas rare d'entendre une fille dire que quelque chose ou quelqu'un est « bandant », ou au contraire lui « casse les couilles » ; pourquoi ne pas plutôt recourir à l'anatomie féminine ?

Parce que, pour qu'un propos résonne, il faut qu'il soit référent. Ce fut manifeste avec le vêtement : porter un pantalon au début du XXe siècle ou sortir « en cheveux » (c'est-à-dire sans chapeau) et, qui plus est, coupés court (ce que Huysmans avait nommé « à la garçonne »), cela avait du sens parce que l'on puisait dans le masculin pour libérer le féminin. Après, la minijupe, la mode du dessous-dessus, et tant d'autres audaces ont pu proposer des habits de renouvellement voire de libération purement féminins.

Aujourd'hui, lancez à la cantonade que « George Clooney fait mouiller » et vous êtes illico exclue de la civilisation ! Ce langage n'est audible que dans la sphère privée, ou dans les dialogues de films porno-graphiques. Les hommes sont encore un peu frileux quant à une trop grande liberté lexicale de notre part, laissons-leur un peu de temps et évitons de pas-ser trop brutalement de la grammaire précieuse de la princesse de Clèves à la gouaille hormono-virulente de Virginie Despentes.

La modification du langage est perpétuellement en mouvement, et la parole de la femme se libère ; on est donc en droit de penser qu'un jour prochain des mots tels que point G, clitoris ou cyprine (ce mot bien plus joli que son pendant masculin, sperme) se glisseront dans les conversations et que notre « con » ne sera plus l'insulte la plus ordinaire !

Le pouvoir des mots

Pour Marguerite Duras, les femmes commencent par jouir par l'oreille. C'est dire l'importance du mot dans l'excitation, le moteur de l'érotisme.

> Le pouvoir des mots est immense. Ce n'est pas un hasard si les seuls outils qu'utilise la psychanalyse pour soigner sont justement les mots. Et le pouvoir évocateur des mots a un impact immédiat sur nos cerveaux, pre-miers relais de notre sexualité, analyse Maxine Lerret pour SecondSexe.

Dans *Le Corps libéré*, la gynécologue et psychothé-rapeute Suzanne Képès faisait le lien entre certains troubles sexuels et des conflits liés à la parole. Dans ce corps à corps où l'on « joue sa peau » qu'est la sexualité, le psychosomatique joue un rôle souvent sous-estimé. Selon elle, les difficultés s'accumulent en raison des non-dits. C'est alors que le corps parle, parfois malgré lui, et de bien des façons : infections génitales, vaginisme (peur panique de la pénétration), dyspareunies (douleurs survenant pendant les rapports), blocage du désir chez la femme, impuissance ou éjaculation précoce chez l'homme, etc. Les patients qui souffrent de ces situations savent rarement formuler l'origine de leurs maux. Par des techniques de relaxation, suggestions verbales accompagnant ses mains sur leurs corps, Suzanne Képès réussissait à libérer le corps, la mémoire et la parole de ses patients tout à la fois. L'équilibre recouvré, le « dire » et le « jouir » se réconcilient et se contaminent mutuellement.

La liaison qu'entretiennent le sexe et les mots est une alchimie en perpétuelle évolution, comme celle des technologies qui nous offrent de nouveaux moyens de communication. Mot entendu, susurré à notre oreille ou au téléphone, mot lu à voix haute ou dans notre tête, sur un écran digital ou une feuille de papier, ces mots-là sont des mots clés, qui ouvrent les portes de notre plaisir.

Certains spécialistes ont en effet mis en évidence que les femmes construisent leurs images mentales, leurs fantasmes, à partir des mots.

Les mots excitent, mais les mots permettent aussi tout simplement de demander, et ce sont enfin d'excellents indicateurs du désir et de l'humeur de l'autre. Le tout est de prendre conscience du choix qui s'offre à nous. Un mot bien choisi a en effet le pouvoir de faire monter la température de plusieurs degrés, de moduler une pression, d'accélérer un rythme, d'inviter ou au contraire de repousser l'autre.

Par exemple, « Caresse-moi » ne signifie pas la même chose que « Branle-moi ». Dans la grammaire de notre désir, les circonstances, de lieu ou de temps, jouent sur le choix des vocables. Selon le moment ou le degré de notre (im)pudeur, « queue » sera plus ou moins érotisé que « verge », que l'on jugera parfois plus ou moins idoine que « bite ». Pour Willy Pasini, rien n'oblige à l'emploi d'un mot, du moment que nous avons connaissance du lexique et le choix de l'utiliser. « Avoir beaucoup de vocabulaire est une manière créative d'être ensemble », ajoute-t-il.

La littérature libertine en atteste et cet extrait d'une plume anonyme le prouve :

> Madame de Terville s'était assise sur moi. Le contact immédiat de ses formes rondes et potelées secondait merveilleusement l'action énergique de l'instrument de nos plaisirs. Celui-ci, tapi soudain dans le centre des voluptés, s'y trouvait pour ainsi dire arrêté, fixé, accroché par l'union de son poil avec le mien. Une humidité charmante causée par l'incroyable activité de cette aimable femme ajoutait encore à la vivacité de mes transports. Une de mes mains passée le long de sa cuisse agitait doucement le bas du promontoire qui couronnait le sanctuaire de l'amour dans lequel j'étais comme à un poste fixe tandis que l'autre main, errante sur deux tétons placés à égale distance, en chatouillait alternativement les deux effrontés boutons.

Et les grands auteurs se sont tous prêtés avec délices à cet exercice exquis :

> Permettez d'abord que ma bouche recueille le nectar que vous venez de répandre, pour faire place à celui que je veux y verser. Elle y consentit, et ma langue amoureuse, furetant les recoins du parvis du temple, et savourant cette liqueur divine, ralluma ses désirs et les miens ; alors l'entraînant sur moi à l'instant qu'elle introduisait le véritable dans la route ordinaire, j'insinuai un doigt suffisamment mouillé dans le réduit voisin, et doublant ainsi ses sensations, nous arrivâmes ensemble au but désiré (Mirabeau, *Hic et Hec*).

De l'inépuisable dictionnaire érotique

Pour alimenter notre propre vocabulaire, de nombreux ouvrages consacrés au langage du sexe exhument mille et une expressions dont la variété et la fantaisie laissent entrevoir la richesse de la langue érotique, sa capacité à exprimer toutes les nuances du plaisir charnel. Pierre Guiraud a recensé plus de 1 300 mots pour désigner l'acte sexuel en français, environ 600 pour le sexe de l'homme et autant pour celui de la femme ! Au travers de cet interminable index, c'est une histoire socioculturelle de notre sexualité que nous pouvons lire. Ce vocabulaire porte en lui l'organisation de nos sociétés, il traduit les lois et les contraintes sociales, trace les contours d'un certain antiféminisme comme le rappelait Alain Rey plus haut, et fixe nos rapports au corps, le nôtre et celui de l'autre.

Le dictionnaire de Guiraud est passionnant en ce qu'il établit une « nature des images fondamentales ». Le coït est un *faire*. « Toute *action* contient virtuellement et à l'état latent l'image de l'acte sexuel. [...] Ce faire couvre tout le champ du lexique : par restriction de sens, il peut être un acte précis (*ramoner, étriller, thermométriser...*) par extension de sens, un pur faire (*le faire, faire cela, la chose...*). » Ainsi, des constantes régissent notre vaste lexique érotique. Le sexe masculin est souvent désigné comme un instrument, tandis que le sexe féminin, plus précisément le vagin, est vu comme un lieu, et un lieu où l'on pénètre. Étymologiquement vagin vient du latin *vagina*, gaine ou fourreau ; vulve (*vulva*) désigne une enveloppe, et con (*cunnus*) renvoie à canal, rigole, terrier.

Le vocabulaire du sexe se caractérise par une telle « fécondité verbale », une rhétorique de l'érotisme si colorée, qu'il serait dommage de ne pas s'en servir. De la séduction à la jouissance, en passant par les multiples phases de l'acte sexuel, cette diversité du verbe est plus que réjouissante. Excitante, même ! Il suffit pour s'en convaincre d'écouter ou même d'imiter la chanteuse des années 50 Colette Renard qui, dans *Les Nuits d'une demoiselle*, énumère goulûment les synonymes évoquant le bonheur de se faire « sucer la friandise, caresser le gardon, empeser la chemise, picorer le bonbon, frotter la péninsule, béliner le joyau, remplir le vestibule, ramoner l'abricot... ».

Ces occurrences disent la force du langage, qui érotise les mots les plus neutres. Alain Rey (dans la préface au *Dictionnaire érotique*) prend l'exemple de

« l'équivalence entre faire et foutre, du sens érotique d'un mot au sémantisme proliférant, coup ». Nous pouvons encore citer mettre, prendre, trou, bouton, dont la polysémie n'a pas fini de nous faire monter le rose aux joues.

Il en va de même des lapsus (du latin erreur, action de trébucher), qui, une fois sur deux, nous mettent dans l'embarras (drôle à souhait pour l'auditoire !) d'un mot cochon. Pour notre plaisir, florilège des perles glanées de-ci de-là : Juliette, lors d'un rendez-vous galant, s'extasiant sur les nuages dans le ciel : « Qu'ils sont beaux ces cunnilingus ! » Cécile, dégustant un couscous : « C'est de la viande anale ? » (pour halal). Simon, dans une tentative de drague métropolitaine : « Je m'arrête à la station La Motte qui pète, et vous ? » (pour La Motte-Picquet). Cathia, brûlante fée du logis : « J'aime quand mes draps sentent bon la lascive ! » (pour la lessive), puis toujours, dans un taxi : « Léchez-moi la langue » (pour laissez-moi à l'angle). Romain, chez le fleuriste : « Je voudrais une gerbe de clitoris » (pour clématites).

Langue vivante

« L'amour des mots est en quelque façon nécessaire à la jouissance des choses. » Francis Ponge (*Le Grand Recueil*) nous ôte justement les mots de la bouche…

Nous apprenons, avec le *Dictionnaire des fantasmes, perversions et autres pratiques de l'amour* (adapté par Franck Spengler, éd. Blanche, 2005) que « le fait d'exciter son partenaire ou ses partenaires, de s'exciter soi-même par l'usage de mots grossiers durant les relations sexuelles » se nomme coprolalie, que la narratophilie désigne « le goût de raconter ou d'entendre des histoires concernant la sexualité », et qu'il existe des téléphonicophiles, adeptes de la conversation téléphonique sexuelle consentie. Il se pratique ainsi « de véritables dialogues inconvenants au cours desquels l'excitation des partenaires atteint les plus hauts sommets ». Les fantasmes étant si nombreux qu'ils sont impossibles à tous réaliser, la coprolalie permet « d'augmenter son champ d'expérimentations érotiques ». L'acoustophilie consiste à s'écouter entre partenaires consentants, tandis que l'écouteurisme est l'équivalent auditif du voyeurisme, vol de mots « nus » à la dérobée. L'engouement pour la parole sexuelle bénéficie des nouveaux réseaux de communication (SMS, mails, chat, Skype…) : un téléphone rose qui offre des lignes pour toutes les sexualités. Le plaisir des mots est infini.

Pendant l'amour physique, certaines femmes décuplent leur plaisir lorsqu'elles l'accompagnent de mots. Dominatrice, Kora affirme que, dans ce milieu particulier, il est fréquent de rencontrer des femmes qui prennent plaisir à se faire maltraiter verbalement par des hommes. Ça les « désinhiberait ». Faut-il pour autant conclure à une caractéristique féminine ? Pas forcément. La réciproque vaut pour les hommes.

En tout cas, pour David Gilbert (*Les Marchands de vanité,* Belfond, 2007), « converser pendant le sexe, c'est comme parler à un étranger ; les mots sont souvent répétés, les verbes abandonnés au profit d'une charade de gestes, et une feinte compréhension s'exprime dans un sourire ».

Alors que notre bouche sourit, notre sexe s'ouvre dans un appel de la chair. Cela ne peut être anodin que nous ayons, « en haut et en bas », des lèvres. Comme deux bouches, deux paroles. Peut-être est-ce une autre explication, toute métaphorique celle-ci, à notre goût pour la langue, qui lui-même élucide notre consommation gourmande de littérature érotique.

13

LA LITTÉRATURE ÉROTIQUE ET/
OU PORNOGRAPHIQUE

Sous le manteau

Elle accompagne la naissance de la littérature dans toutes les civilisations. En Inde, en Extrême-Orient ou au Moyen-Orient, de riches traditions dans le domaine de la littérature sexuelle se sont fait connaître.

En Occident, c'est en France et en Italie que la littérature érotique s'est développée aux XVIe et XVIIe siècles. Il semblerait même que « c'est en Europe que l'érotisme est devenu un genre littéraire déterminé » (*Histoire de la littérature érotique* de S. Alexandrain, Seghers, 1989). Le lumineux XVIIIe siècle met à l'honneur le roman libertin, qui définit les codes d'un nouveau genre. Prodiguée par un libertin, une initiation au sexe, mais aussi au cynisme, au comportement à adopter en société, est enseignée à une jeune proie qui succédera au séducteur.

Libertin, érotique, licencieux, pornographique, ce n'est pas ici que l'on résoudra ce dilemme lexical. Pourtant on notera que s'agissant de littérature, activité un tant soit peu intellectuelle, aujourd'hui le terme érotisme est privilégié.

« Dès qu'une œuvre montre du talent, plus personne n'ose plus l'appeler pornographique » (*Introduction à la pornographie*, Bertrand et Baron-Carvais, La Musardine, 2000), ce dernier adjectif étant relégué au vulgaire, à savoir au visuel.

Comme pour séparer le bon grain de l'ivraie, un schisme bien-pensant veut rattacher le pornographique à l'efficace, au sale, au sauvage et au visuel, tandis que l'érotisme serait du côté des belles-lettres, de l'esthétique, du délicat. Pourtant, si les écrits de Sade, que l'on classe dans la littérature érotique, étaient des scénarios, le marquis serait relégué au rayon hard-core dans les sex-shops.

La mode du rose

Tous les écrivains reconnus se sont livrés plus ou moins longuement à la tentation-tentative érotique. De François Villon à Alain Robbe-Grillet, en passant par La Fontaine, Théophile de Viau, Diderot, Balzac, Baudelaire, Flaubert, Huysmans, Mallarmé, Maupassant, Mirbeau, Verlaine, Apollinaire, pour ne citer que les plus fameux ; ils ont tous, en marge de leur œuvre licite, flirté avec le stupre. Sans doute parce que littérature et pornographie ont en commun leur nature transgressive. Transgression des frontières spatio-temporelles d'une part, transgression de « ce qui doit rester caché » de l'autre.

Ces auteurs se sont aussi adonnés à l'écriture sexuelle par goût du scandale, de la provocation. Car cette littérature est le signe de la rupture : « À un certain moment du gaullisme, le roman érotique m'est apparu comme une arme contre la bêtise politique, la seule arme... » (*Château de cène*, Bernard Noël, Flammarion, 1979). Ensuite parce que, aujourd'hui, le désir de chacun est au centre de l'économie et du nouvel ordre moral. Notre société ultratolérante, du moins en apparence, est favorable à cette libre expression parce qu'elle est circonscrite à la sphère privée. « Chacun fait ce qu'il veut, et la vie de chacun m'intéresse » est un peu la nouvelle doxa.

Lié à la « sexomania » en vigueur, le label « X », comme le « bio », est à la mode ; le livre, toujours tourné vers ce qui préoccupe nos contemporains, bénéficie de cette pornographisation massive. Et ce faisant, il obéit au grand strip-tease généralisé, qui livre aux yeux de tous des intimités (psychologique, amoureuse et sexuelle) exposées. L'autofiction a ainsi sorti les récits intimes du secret, de l'inavouable.

Ce singulier pouvoir de la lecture

Il reste que l'écrit est soumis au jugement subjectif, à l'interprétation, pas le film. De même, il règne sur les livres un doute entre fiction et témoignage, autant de vrais ou faux écrans qui brouillent les pistes. Et qui renforcent le pouvoir de suggestion des mots.

Pour Jean-Marie Goulemot (*Ces livres qu'on ne lit que d'une main,* Alinéa, 1991), la littérature érotique apparaît « comme une fiction exemplaire et réussie, puisque productrice d'illusions vraies [...], la promesse originelle la plus orgueilleuse de toute littérature, et peut-être de tout art : faire de telle sorte que, pour celui qui contemple ou lit, ce qui est peint ou écrit est vrai ».

Les mots ont une valeur essentielle, surtout dans ce genre littéraire. « Il suffirait de remplacer les termes "con", "bite", "queue", "branler", par des termes médicaux pour que s'évanouisse une bonne part des affects suscités par des textes pornographiques. [...] En matière de vocabulaire tendancieux, l'une des particularités de l'univers pornographique est qu'il pose comme normal ce qui est précisément interdit dans la vie ordinaire » (Dominique Maingueneau, *La Littérature pornographique,* Armand Colin, 2007).

L'intérêt didactique de cette littérature est là : enrichir les pratiques verbales. Et donc les pratiques tout court. C'est l'imagination tout entière que convoque la littérature sexuelle. En matière de fantasmes, on l'a dit, les femmes montrent souvent des faiblesses à se transposer dans un « possible » ou un « ailleurs » excitants. Pour cela, il convient en effet d'oublier la liste des courses, ses trois kilos superflus ou la présence des enfants derrière la cloison... Mais si l'on prend appui sur un texte, qu'on le laisse phagocyter sa mémoire, il y a fort à parier que sa libido s'en trouvera gracieusement plus dispendieuse. Dian Hanson, directrice artistique des ouvrages érotiques aux éditions Taschen, a là-dessus une théorie assez radicale :

> Je pense que la plupart des femmes ne placent pas le sexe très haut sur leur liste de priorités. Je ne les blâme pas, c'est un effet de leur faible taux de testostérone. [...] Mais ce que je peux attester de ma propre expérience,

c'est qu'il n'y a rien de plus difficile dans l'édition que de tenter de faire de l'imagerie érotique pour femme, tant son excitation est subtile et complexe. [...] Ce que je conseille aux femmes qui peinent à avoir des orgasmes ? Achetez un bon vibromasseur et de la littérature pornographique. Expérimentez seule et, une fois que vous avez atteint votre objectif, allez partager ce que vous avez appris avec l'homme de votre vie.

Au regard des scènes écrites par Sade, Bataille ou Pierre Louÿs, avec lesquels aucun scénario cinématographique ne fait le poids, nous en apprendrons beaucoup. Vocabulaire inépuisable et trouvailles scéniques stupéfiantes : la littérature nous abreuve à plus soif d'une grammaire érotique qui remplacerait n'importe quel guide du « bien-jouir » actuel.

La différence entre le lu et le vu : le processus d'identification

Maingueneau pointe le doigt sur ce qui sépare intrinsèquement la littérature et le cinéma pornographiques. D'un point de vue économique et social tout d'abord, il rappelle qu'un livre a une « inscription sociale très faible » : à l'inverse d'un film, il peut se faire au moindre coût, avec un seul protagoniste.

D'autre part, un écrivain n'a pas à se soucier de ses héros. Ses personnages de papier ne sont pas des acteurs en chair et en os qui peuvent opposer leur propre libre arbitre, porter plainte ou quitter le projet. Et puis, au cinéma, « la violence, la souffrance se voient. Le consommateur est donc plus facilement renvoyé à une culpabilité, à une responsabilité. En revanche, à l'écrit c'est le lecteur qui donne corps aux personnages, et la fiction permet un jeu plus libre des pulsions agressives ».

Beaucoup moins contrôlée que le cinéma, la littérature est donc plus libre de s'aventurer en terres interdites. Car il est bien là, dans cet interdit qui auréole ces ouvrages « qu'on ne lit que d'une main » pour reprendre le titre de Jean-Marie Goulemot, le nerf de la littérature érotique. On se les procure désormais facilement, mais on les lit plus chez soi que dans le métro, et on ne lit pas ses extraits favoris à ses collègues de travail. Tout simplement parce que l'objectif assumé de ces ouvrages est de « faire naître chez son lecteur le désir de jouir, l'installer dans un état de tension et de manque, dont il lui faudra se libérer par un recours extralittéraire ». Peu importe que nous lisions des œuvres purement pornographiques, ou d'autres qui ne contiennent que des séquences jugées comme telles. C'est cet état dont parle Goulemot qui fait l'utilité et la saveur de l'écrit. Viendra-t-il enrichir nos fantasmes, éveiller notre libido, étonner notre partenaire, il aura dans tous les cas un impact direct ou indirect sur notre sexualité. Qui s'est projeté en Emma Bovary sait le sentiment de réappropriation du récit qui naît en lisant. S'il convoque nos désirs, le résultat n'est que performant !

Les textes érotiques ou pornographiques mettent en scène deux types de héros qui sont en fait des héroïnes ; soit ce sont des femmes au centre de ce qui, au regard d'une sexualité consensuellement dite mystérieuse (surtout pour les hommes), prend des airs de récits d'initiation (où l'homme occupe le rôle d'initiateur ou de révélateur), soit le processus d'initiation est achevé et nous voilà face à des femmes libérées. Mais, au risque de nous faire traiter de censeures féministes, si elles se présentent affranchies de certains fers, ces héroïnes agissent bien souvent selon des idéaux masculins, assumant une sexualité phallique.

Enfin, ce fut le cas jusqu'à ce que les femmes entrent dans le cercle, et peu à peu parviennent à engendrer une nouvelle écriture, « celle qui donne à lire des œuvres complexes, riches, capable d'intégrer le sexe dans le reste des activités humaines » (Franck Spengler, *Introduction à la pornographie*).

Pour Franck Spengler, fondateur et directeur des éditions Blanche consacrées au genre érotique :

> Il fut longtemps plus facile pour le lecteur, homme comme femme, de s'identifier aux personnages décrits par une auteure, car les femmes n'ont pas ce côté *too much* des hommes. Elles sont plus inscrites dans l'expression du désir et de la montée du désir. La même scène, par exemple, une fille qui fait du stop à la porte d'Italie : écrite par un homme, elle montrerait la fille en talons aiguilles et minijupe, ce qui est déjà improbable. Puis en un tour de périphérique, ils ont déjà tout fait. Une femme décrirait le froid, la mauvaise humeur de la fille. Puis la voix de celui qui la prend en stop ; ou son odeur, sa peau... Bref, elles savent nous faire partager et vivre ces moments. Mais je dois avouer que les choses ont changé ces dernières années : les hommes s'y mettent aussi, car ils ont lu les livres qu'écrivent les femmes.

À la hauteur des auteures

Spengler fut élevé à bonne école avec sa mère Régine Deforges, qui fonde en 1962 sa maison d'édition L'Or du temps, répertoriant livres érotiques et surréalistes, dans un catalogue intitulé « La Conquête du sexe ». Mais son entreprise se heurte à de nombreuses difficultés : ennuis juridiques, opprobre, censure. Il faut attendre la fin des années 80 pour que la littérature érotique bénéficie d'un renouvellement dû aux femmes. Deux presque homonymes, Alina Reyes et Françoise Rey, publient alors des livres qui feront date. La première signe *Le Boucher* en 1988 (éd. du Seuil), sur les amours frigorifiques d'une jeune femme et d'un garçon boucher. L'année suivante, c'est *La Femme de papier* (Pocket) de Françoise Rey. C'est une révolution dans le monde de la littérature érotique. Leur écriture sensuelle et terriblement érotique prouve que les hommes ne détiennent plus le monopole de la provocation littéraire. Les femmes s'y entendent aussi en transgression. Selon Franck Spengler, elles seraient même plus perverses :

> Les hommes ont toujours cette fascination du gros plan, qui revient encore et encore à une comparaison de leur grandeur phallique, tandis que les femmes s'attaquent à la virilité, au statut d'homme.

Mais aussi plus courageuses :

212

Encore aujourd'hui, plus de 60 % de mes femmes-auteures signent sous leur vrai nom, à visage découvert, contre à peine 10 % des hommes. Je crois que lorsqu'une femme franchit le pas de faire lire son manuscrit érotique à un éditeur, elle a déjà dépassé tellement d'obstacles qu'elle n'a pas besoin d'utiliser un pseudonyme.

Françoise Rey eut bien conscience de participer à un bouleversement :

Voilà que je levais personnellement ce tabou, avec succès et toutes sortes de reconnaissances en prime. Ensuite, il y eut les réactions de certains malins qui me dissertaient sur le côté dommageable, avec « mon talent de plume » de me cantonner à « ça ». Ce « ça » était un démonstratif plein de mépris. Or j'ai quant à moi toujours accordé beaucoup d'importance aux choses du sexe qui, loin d'être dédaignables, restent le fondement de tout. Et je pense qu'elles méritent au contraire que l'on s'y attarde, que l'on en parle le plus élégamment, le plus diversement, le plus intelligemment et même le plus philosophiquement possible ! Donc j'ai travaillé à creuser la question, pour [que les] médias se penchent enfin sur le rapport du sexe et de l'écriture, de la femme au sexe, le tout sans vulgarité ni trivialité... Et puis, j'ajouterais qu'il y avait aussi une espèce de défi à durer, parce qu'on me répétait que « le sexe, c'est un sujet dont on fait vite le tour », sans parler de tous ceux qui me prédisaient des soucis avec l'Éducation nationale... Mon parcours a non seulement démontré la richesse du sujet mais aussi que lesdits soucis ne sont pas arrivés... Alors j'ai continué mon bonhomme de chemin (interview tirée de SecondSexe).

Vingt années ont passé et autant de livres. Après une « ménopause littéraire », elle publie *Des guirlandes dans le sapin* (Blanche, 2008), nous offrant un nouvel opus de la même écriture gourmande.

> C'est vrai que j'aime que la chair soit gaie car c'est un domaine qui peut faire tellement souffrir que oui, je souhaite rester dans le côté lumineux de la sexualité. Ce peut être une telle clé du bonheur et de l'épanouissement, du partage, de la communion...

Autrefois, « écriture féminine » orientait directement vers le satin rose et les yeux mouillés d'émotions de la littérature dite sentimentale. Et pour cause, à en croire Patrick Baudry (*La Pornographie et ses images*, Armand Colin, 1997), si « l'image est tendanciellement bien plus une affaire masculine, l'écrit suscite un intérêt largement féminin ». À l'origine de ce distinguo, sans doute des prédispositions plus culturelles que biologiques (« le français c'est pour les filles, les maths pour les garçons ») ; de même, puisque ce n'est pas par la force qu'elles réussiront à s'imposer, les femmes choisissent plus volontiers l'arme des mots pour avoir « voix au chapitre ». En tout cas, encouragées dans leur maîtrise de la langue, écrite et orale, elles développeraient vraisemblablement plus de sensibilité et d'aptitudes au verbal et à l'écrit qu'au visuel.

Pour autant, ces femmes qui investissent la littérature pornographique, devenant du même coup un argument marketing, la transforment-elles ?

Pour Maingueneau, « les textes qu'elles publient sont centrés sur l'exposition de l'intimité d'un je qui associe plaisir sexuel et plaisir de la parole, au lieu de tout subordonner à la construction des spectacles orientés vers une fin univoque ».

Il ajoute que l'on distingue deux voies féminines : celle qui reprend la porno classique, structurée autour de la sexualité masculine, « Les femmes ne peuvent se l'approprier qu'en la minant de l'intérieur, par des décalages subtils mais décisifs » *(op. cit.)* ; celle qui développe une pornographie spécifiquement féminine, où le féminin ne joue plus seulement le rôle du négatif, de l'étranger.

Néanmoins, il ne suffit pas qu'une femme signe un récit contenant des mots obscènes et des scènes d'accouplement pour que l'on parle de littérature érotique féminine (*a fortiori* de littérature tout court). Surtout si cette femme est restée prisonnière de carcans patriarcaux.

Il ne s'agit pas non plus de créer un autre *Nu Shu* (qui signifie en mandarin : « écriture des femmes »), cette langue chinoise inventée il y a plus de trois mille ans par des femmes (ce serait une des plus anciennes langues au monde), pour échapper à la domination du mâle et parler entre elles de leur intimité, de leurs sentiments profonds, en utilisant un code incompréhensible pour les hommes.

L'écriture pornographique, qui traite de la différenciation sexuelle, n'a pas à chercher à imposer le féminin, ce qui revient à démasculiniser, à castrer son énonciation ; mais elle a peut-être plus à gagner à accompagner les changements qui président aux relations entre les sexes.

Qui lit ?

Grâce à la vente en ligne et à sa discrétion, lire de l'érotique n'est plus hérétique. Pour Franck Spengler, le lectorat du genre érotique s'est transformé. Les femmes représentent aujourd'hui la majorité de ses clients alors qu'il y a vingt ans ils étaient à 90 % des hommes.

> On est passé d'une sexualité qui n'existait pas à une sexualité qui existe et s'explicite... Notre clientèle féminine se divise en deux groupes très distincts : Les 22-30 ans et les plus de 50 ans. Pour les plus jeunes, on peut constater qu'elles se sont déculpabilisées par rapport aux plaisirs charnels et ce, bien plus que les jeunes garçons. Après 30 ans, nous supposons que la femme est épanouie dans sa vie, elle ne recherche plus de littérature érotique. Elle a sa vie de couple, de famille, et c'est vers la cinquantaine qu'elle va redécouvrir la littérature coquine. Soit pour pimenter sa vie de couple, soit parce qu'elle est à nouveau seule. Les femmes sont sensibles aux histoires proches d'elles. Ce n'est pas le choix des mots qui sera déterminant, elles sont prêtes à lire des termes assez crus. Il faut que cela s'inscrive dans le domaine du possible, « cette histoire pourrait m'arriver à moi ». Et dans 80 % des cas, elles achèteront un livre d'un auteur féminin.

Si certaines maisons d'édition généralistes mettent ponctuellement à l'honneur des œuvres libertines, peu d'éditeurs ont fait le choix de se spécialiser dans la littérature érotique. Depuis 1992, la loi Jolibois ne punit plus la fabrication et la diffusion de messages à caractère pornographique que lorsqu'ils sont « susceptibles d'être vus ou perçus par un mineur » (art. 227-24 du code pénal). Seules les éditions Blanche et La Musardine (avec les « Lectures amoureuses », collection dirigée par Jean-Jacques Pauvert), toutes deux créées au début des années 90, ont fait le choix exclusif de remplacer les enfers des bibliothèques. Une politique éditoriale qui porte ses fruits, comme en témoigne le dynamisme de ces deux maisons qui recensent de très nombreuses références.

Mais certains observateurs pensent qu'après le cinéma (en cassette puis en DVD), Internet tend à marginaliser la littérature pornographique. Sur la toile, l'accès est simplissime, rapide et plus discret encore. Il est certain que pour celles et ceux qui recherchent une excitation immédiate, les innombrables sites web diffusant gratuitement images ou vidéo constituent des « pousse-au-jouir » imparables.

Le texte a sans doute aussi perdu l'aura de son ancienne clandestinité ; on n'achète plus aucun livre sous le manteau, et les enfers font l'objet d'une exposition à la BNF.

Les écrits érotiques ne mènent plus personne au tribunal, comme au temps de Flaubert ou Baudelaire, ni ne suscitent autant de polémiques que certains films actuels (comme *Baise-moi* de Virginie Despentes).

Dominique Maingueneau a sûrement raison, cette littérature voit « son pouvoir d'intervention s'affaiblir », car elle touche un public moins vaste que celui aspiré par les nouvelles technologies. Mais, par ailleurs, nous assistons avec délices à son perpétuel enrichissement. La langue elle-même, vivante et nomade, se pare d'anglicismes et de graphies SMS, infléchissant les plumes grivoises vers des récits modernes, ancrés dans des décors multiples où foule de personnages se croisent. Le livre enfin est devenu un objet que l'on chérit ; illustré en édition de luxe ou simple « poche », on l'expose sur ses rayonnages ou on le glisse sous son oreiller, mais c'est toujours entre nos mains qu'il vit et se lit le mieux.

À l'instar de la photographie argentique, le livre porno-érotique « glisse peu à peu vers l'artisanat, hautement valorisé par sa différence avec les produits de la culture de masse, poursuit Maingueneau. Son prestige s'accroît » et l'on ne peut retirer aux femmes l'importance de leur contribution. Auteures, lectrices, elles concourent activement à régénérer ce genre littéraire en écrivant et partageant leur intimité. Littérature et érotisme se conjuguent désormais (aussi) au féminin, sans que personne n'y trouve à redire.

Notre société fait nonobstant la part belle à l'image, plate-bande encore farouchement gardée par les hommes, comme en témoigne le cinéma X. Après le dire, c'est au voir qu'il faut s'atteler. Certaines ont déjà commencé à se mêler de ce qui les regarde, et donc de ce qu'elles regardent.

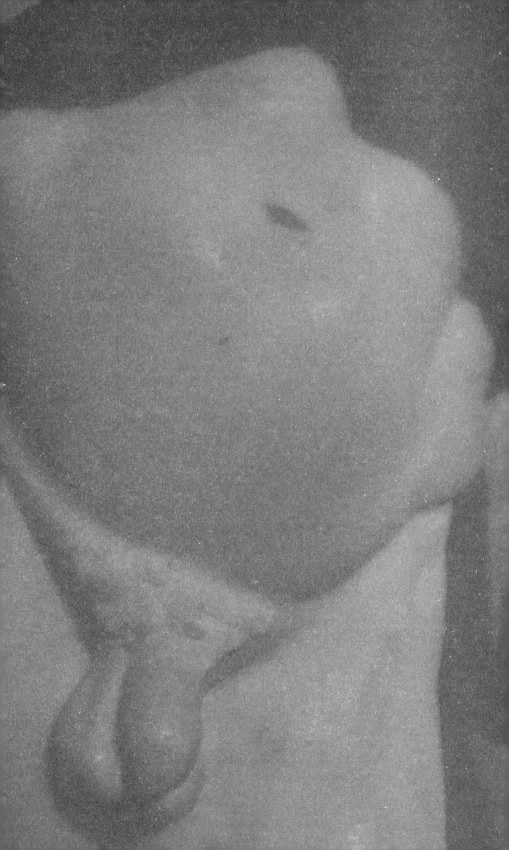

14

LE FILM PORNOGRAPHIQUE

« L'attitude pornographique est fondée sur le postulat que les amants ignorent la lassitude et que la psychologie n'existe pas. » Si John Atkins a raison, nous tenons peut-être là une explication au phénomène culturel qui régit cette industrie : les femmes ne consomment pas ce porno-là.

Une autre raison tient peut-être à l'étymologie même du terme. En grec ancien *pornê* signifie prostituée, femme marchandise ; la pornographie est de fait une représentation des rapports hommes-femmes, où les premiers disposent des secondes pour leur bon plaisir. Et même si de nombreux films croient bon d'octroyer généreusement aux femmes des orgasmes fulgurants et sonores, nous avons quelque difficulté à nous projeter dans ces personnages – aussi ressemblants à des femmes que les intrigues à de vrais scénarios – qui n'ont de sexualité qu'assujettie à celle de l'homme. Il nous en faut en effet un peu plus pour nous plaire, et encore davantage pour nous exciter.

Un genre mâle

Un constat : la pornographie est faite par des hommes, pour des hommes, qui « créent des personnages "femelles" dont la sexualité ressemble à celle des mâles ». La sexualité montrée dans les films pornos d'aujourd'hui est bel et bien phallique.

« Trilogie de la béance, de la jouissance et de la signifiance, le porno n'est une promotion si exacerbée du féminin jouisseur que pour mieux enterrer l'incertitude qui planait sur le "continent noir" [la femme selon Freud]. » L'auteur de cette analyse, le philosophe et sociologue Jean Baudrillard, a mené une brillante étude sur la question pornographique, qui nous aide à comprendre pourquoi les femmes s'en sentent exclues. Pour lui, l'obscénité du porno réside dans ces angles improbables empruntés par la caméra filmant plus des acrobaties que des actes sexuels. Jamais nous ne verrions ces gros plans extrêmes, ces morceaux de corps rendus abstraits, si nous observions notre propre sexualité. La pornographie désintègre le corps et hiérarchise les significations érotiques : on arrive vite à saturation de seins et de fesses, alors que jamais l'image ne s'attarde sur une nuque ou des pieds dont on pourrait retirer un pouvoir érotique.

D'ailleurs, c'est surtout le corps féminin que morcelle la pornographie : sur Internet ou dans les sex-shops, il est offert et répertorié comme sur un étal de supermarché. Le choix est vaste : « rousses, blondes, gros seins », ou encore « femmes mûres, enceintes, lesbiennes, soumises ». À l'inverse, les femmes n'ont pas de critères de

222

tri similaires. Imaginez : « larges pectoraux, cheveux frisés ou pénis de taille moyenne ». Serions-nous clientes de ces fragments d'homme à la carte ?

Telle discrimination est flagrante dans les films pornos. On ne demande qu'une chose aux hommes : tenir leur érection. La femme, quant à elle, doit avant tout être belle, selon les canons chirurgicaux en vigueur, savoir se cambrer en battant des paupières, s'arranger pour que sa frange ne cache pas la fellation qu'elle est en train d'exécuter... Comment espérer que nous nous identifiions à ces anti-héroïnes qui trimballent leurs faux seins-sourires-cheveux dans des décors en carton-pâte ? Combien de femmes peuvent être vraiment excitées à la vue d'une de nos semblables attifée d'un microshort en Nylon, improvisant un strip-tease grotesque un quart d'heure après avoir rencontré un mâle en rut, passant de la greluche minaudant à la chienne en chaleur, atteignant l'orgasme en quatre minutes chrono quel que soit le *modus operandi*, en poussant des hululements inquiétants ? Et l'on passe sur l'absence fréquente de tout préliminaire...

Qu'y a-t-il dans ces films pour nous plaire ? Rien ou presque, puisque là n'est pas leur fonction.

Le danger des contresens

Comme le dit Michela Marzano, « la pornographie est un problème parce qu'elle érige l'*homme-violent* et la *femme-salope* en modèles de référence » ; en plus de faire croire que la sexualité est quelque chose d'animal que l'on ne peut pas vivre au sein du couple, la pornographie conduit hommes et femmes à endosser ces rôles types, la brute et la putain (fatalement dissociées de la *maman*, intouchable), et à endurer l'autre dans son mimétisme désolant d'artificialité. Quitte à abîmer leur propre image.

Un piège particulièrement dangereux pour les adolescents ; à l'image de ceux que montrent *Impaled*, le court-métrage du pape du genre, Larry Clarke. Le réalisateur américain, fort du constat qu'au moins un enfant de 11 ans sur trois a déjà vu un film porno, a voulu évaluer l'impact qu'a eu sur les adolescents l'apprentissage de la sexualité à travers la pornographie. Devant la caméra, plusieurs jeunes garçons racontent leur goût pour la pornographie et livrent sans réserve les influences qui s'ensuivent. Le cinéma porno a d'abord sur eux une incidence physique : ils ont tous le pubis et les testicules épilés. Il est plus triste de constater que le champ de leur imagination a subi la même déforestation. Tous leurs fantasmes sont dictés par les scénarios des films qu'ils ingurgitent à la chaîne. Mais ce formatage contamine jusqu'à leur réalité. Ainsi, un jeune homme explique qu'il n'a jamais joui dans le sexe d'une femme, parce que cela ne se fait pas dans le porno. Et c'est presque de la pitié que l'on ressent pour le garçon que Larry Clarke sélectionne afin qu'il réalise son rêve, faire l'amour avec une actrice porno. Il choisit la plus mûre et demande à la sodomiser, car c'est l'une des rares choses qu'il a vues dans un porno sans avoir encore pu l'expérimenter. Il finira l'expérience désorienté et visiblement déçu : on ne l'avait pas averti qu'il vivrait la scène sans les coupes du montage, que la fille serait obligée de l'interrompre pour gérer ses problèmes pratiques que toute porn-star effectue avant une scène anale...

Sans tomber dans la nostalgie, on en vient à regretter le temps où certains pères amenaient leurs fils au bordel, pour qu'ils soient initiés ! Car à vouloir tout interdire, à s'interdire à soi-même de léguer une parcelle de savoir à nos enfants, ces derniers n'ont pas d'autre choix que s'informer là où ils peuvent. Comme le souligne Michela Marzano : « La pornographie devient le nouveau manuel de la sexualité. Au fond, face à un discours qui promeut explicitement la performance et l'accumulation, la pornographie ne fait que poursuivre cette logique de surenchère, et la couronne. » Or, cette pornographie est basée sur le faux, l'irréel. Ce qu'elle montre – performances impossibles (sans médicaments), rapports primaires voire violents entre hommes et femmes – fait le lit d'inévitables complexes, et par là même d'une agressivité défensive, de la part des garçons comme des filles. Au final, comme le souligne Ruwen Ogien, le risque de la pornographie est de devenir « une nouvelle forme, sournoise, de censure du réel et du corps : la censure par l'excès ».

L'espoir venu de l'art

Dans les années 70, artistes et réalisateurs de cinéma ont souvent succombé à la tentation de flirter avec le porno. Andy Warhol a ouvert la brèche avec le très expérimental *Blow Job*, plan fixe du visage d'un homme pendant qu'une personne hors champ lui fait une fellation – idée reprise récemment par Jennifer Lyon Bell, réalisatrice américaine basée en Hollande. Nombreux sont les films devenus mythiques pour avoir mis en scène des idées sulfureuses (de *Dernier Tango à Paris*, les films de Pasolini, *L'Empire des sens*, *Caligula* à *Eyes Wide Shut* ou *Basic Instinct*), preuve que la question est brûlante pour les artistes et plus ouverte au plaisir des femmes que dans le porno classique. Lars Von Trier s'est révélé particulièrement actif dans ce domaine. Après avoir filmé une scène d'orgie avec un zeste de fellation (*Les Idiots* en 1998), il crée Zentropa, cellule de production de films bâtis autour d'un nouveau dogme établi par des femmes : « Puzzy Power Manifesto ». Les critères exigent une montée progressive du plaisir, un scénario qui tient la route, pas de violence, à moins qu'elle ne serve à assouvir un fantasme féminin. Zentropa est depuis devenu Innocent Pictures, avec des réalisations à succès comme *Pink Prison, Constance* ou *All about Anna*. Art est sans doute un grand mot pour qualifier ces films, mais les amateurs de porno y décèlent, quant à eux, une différence significative.

Pornographie et féminin réconciliés ?

Lorsque nous avons commencé à travailler sur l'idée de créer SecondSexe, site dédié à la sexualité féminine, il s'est trouvé un bon nombre d'artistes masculins à vouloir nous convaincre que le porno ne pouvait être excitant qu'en demeurant un peu sale et qu'en aucun cas il ne pourrait supporter des critères esthétiques et féminins dont la charge viendrait inexorablement éteindre le feu de l'excitation. C'est un point de vue d'homme.

Malgré tout, un certain nombre de femmes issues du milieu porno ont contribué à faire naître l'idée d'une pornographie féminine, en particulier aux États-Unis où le mouvement était en filiation directe avec le féminisme, dans les années 80. Annie Sprinkle, sex-performeuse mettant en scène la masturbation, en est une figure particulièrement emblématique, dans son souci d'émancipation de notre jouissance. Candida Royalle, ancienne actrice devenue productrice et réalisatrice, est aujourd'hui une des doyennes du film X pour femmes, avec plus d'une vingtaine de longs métrages et plusieurs récompenses à son actif, ce qui ne l'empêche pas de se battre encore chaque jour pour faire accepter aux distributeurs l'idée d'un marché féminin. « Lorsque j'ai commencé, raconte-t-elle, la seule chose qui était pire que la pornographie, c'était une femme réalisant des films pornos ! » Candida la pionnière a été suivie par de nombreuses actrices devenues réalisatrices, aux États-Unis, mais aussi en Angleterre et en Allemagne (Petra Joy, Jazmin Jones…) et également en France avec Ovidie ou Coralie Trin Thi. Erika Lust, réalisatrice américaine basée en Espagne, fait le point de ce qui est réellement différent dans ce cinéma de femmes :

> Les femmes veulent des scènes explicites dans certaines conditions. Je sais tout particulièrement ce que les femmes comme moi ne veulent pas dans ce genre de films : le chauvinisme, la mafia, les armes, les putains, les

227

châteaux, les filles siliconées, les voitures de sport et les belles plages des Maldives. Nous n'avons pas besoin de ça pour être excitées, nous voulons des gens vrais, dans des situations vraies, et nous voulons savoir pourquoi ces gens-là font l'amour. Les hommes veulent de l'anal, des fellations, etc., pour les femmes, il faut plutôt de l'intimité et de la psychologie, nous voulons voir du sexe plutôt que du porno. Mais nous sommes des individus avec leurs goûts particuliers. Ce dont nous avons besoin, c'est de femmes qui font ce qu'elles ont envie de faire, filmant la sexualité comme il leur semble juste de le faire.

Mais la production la plus prolifique de films féminins vient sans conteste du milieu lesbien, qui rassemble pléthore de réalisatrices dans un combat quotidien pour exposer et revendiquer ces productions. Il suffit de considérer le nombre croissant de festivals gays et lesbiens dans le monde, contrastant avec le vide événementiel qui entoure les films féminins hétérosexuels.

Parmi les cinéastes homosexuelles les plus intéressantes, Maria Beatty, cantonnée à la niche très spécialisée du SM féminin, sait formidablement mettre en scène la beauté d'un rapport et la quête du plaisir. Ne craignons pas de parler d'une certaine forme d'émotion, en particulier dans *Sex Mannequin* qui montre, dans une lumière digne du cinéma, le sexe d'une femme en plein orgasme, calmée par la main de sa partenaire qui vient adoucir ses spasmes. Il n'est pas si étonnant que de telles avancées se fassent dans un univers qui échappe à l'emprise masculine. Hétéro ou homosexuel, le film porno féminin trouve doucement sa voie et il faut s'en réjouir, car il est indispensable. Il permet d'une part aux femmes (comme aux hommes) de mieux comprendre leur corps et ses désirs, d'entrevoir la diversité du plaisir du point de vue féminin. Il permettra d'autre part d'écrire enfin une histoire de la sexualité féminine, qui mettra un terme à « la scission radicale des deux images du féminin : la maman et la putain », pour rejoindre Nancy Huston. En montrant que la sexualité appartient à toutes les femmes, que les mères font l'amour elles aussi, espérons que ces films aideront des femmes à jouir de leur corps plus librement.

Il faut se souvenir que la pornographie est aussi un discours sur la sexualité, et qu'à ce titre nous devons y participer.

De l'utilité du porno

Car des expériences scientifiques ont été faites sur des hommes et des femmes, aimant ou n'aimant pas le porno, et les résultats sont stupéfiants : quoi que pense la personne qui regarde un film porno, qu'elle approuve ou qu'elle désapprouve, dans 100 % des cas, son corps réagit, stimulé par cette vision de copulations. Ainsi, l'image provoque l'excitation. Le corps a ses raisons que l'on devrait sans doute plus souvent écouter. Et sans rougir.

Dans le silence de la bienséance, 8 millions de Français se connectent au moins une fois par mois à des sites pour adultes, parmi lesquels de nombreuses femmes. 7 % des hommes sont des amateurs assidus de pornographie, contre 1 % de femmes, mais leur présence est plus significative dans la consommation occasionnelle, puisqu'une femme sur cinq en regarde (source Doctissimo : « Entre mateur professionnel et amateur averti » Alain Giami).

Outre l'angle économique et technologique (rappelons que c'est la pornographie qui a permis le développement du cinéma au temps des frères Lumière, mais aussi de la VHS, du DVD, des solutions de paiements en ligne, de la Pay-TV, etc.), les films pornographiques jouent un rôle social.

Pour Maxine Lerret :

> [...] il s'agit d'une réalité inversée dans laquelle l'acte sexuel prend une place très naturelle dans l'ensemble des rapports sociaux humains. En ce sens, la pornographie peut être rapprochée des Saturnales, fêtes d'esclaves à qui l'on donnait temporairement le droit de renverser les rapports sociaux. Les films pornographiques sont orientés de cette façon, dans le but de ne jamais créer de frustration dans l'esprit de l'homme qui les regarde, mais d'en provoquer une libération imaginaire. Tout doit sembler simple et naturel au regard du fantasme de celui qui regarde.

Et si nous imaginions une pornographie qui réconcilierait la tête et les jambes, stimulant notre libido et satisfaisant nos exigences esthétiques ?

Vous avez dit X-plicit ?

Avec SecondSexe, l'un de nos objectifs était de séduire celles qui sont encore réfractaires à l'idée de la pornographie. D'un côté, nous voulions en finir avec l'érotisation banalisée. En effet, les ressorts de l'érotisme sont noyés dans la publicité et le mass market ; leur fonction libidinale s'est éteinte dans des publicités pour des yaourts ou des voitures. On remplit son placard, son frigo, sa maison, mais pas forcément sa vie sexuelle.

D'un autre côté, nous l'avons dit, le porno classique et ses stéréotypes archaïques ne nous satisfont pas, guère plus qu'une partie du porno féminin actuel, qui se borne trop souvent à substituer le chromosome Y en X, sans proposer un genre à part entière. Mais surtout, le mot pornographie suffit à exclure la majorité des femmes. Donc, comme nous voulions combler un vide, faire des films qui ne soient ni érotiques ni pornographiques, il nous fallait d'abord inventer un nom. Nous avons décidé de nommer ce nouveau genre X-plicit.

L'X-plicit film est tourné vers le désir de la femme, son rôle consiste à poser un regard interrogateur sur la sexualité féminine et également à stimuler sa libido dans un univers artistique, nourrissant et rassurant, qu'elle soit seule à le regarder ou en couple.

Nous avons choisi de faire appel à des artistes, qu'elles soient réalisatrices, photographes, chanteuses, plasticiennes ou autres. L'objectif étant de solliciter des femmes qui n'ont pas une vision formatée par le porno traditionnel, et qui réintègrent naturellement à l'image tout ce qui lui fait défaut : des acteurs qui se situent dans le réel, une esthétique appuyée, un parti pris stylistique, une véritable cinématographie, un point de vue sur une question et un moyen de sortir des équations systématiques. Artistes, elles n'ont de cesse de se poser des questions légitimes sur la sexualité féminine, de filmer des scènes de sexe avec des acteurs et actrices dont les sensations justes, les émotions intactes jettent le trouble sur les spectatrices. Comme dans la littérature féminine, elles montrent le sexe dans sa véracité, dans un monde exempt de performance.

Nous les invitons donc à faire un cinéma d'auteur dans lequel désir, plaisir et libido sont au centre de la proposition. Les films sont tous des courts métrages, calés sur le temps moyen qu'il faut à une femme pour arriver à l'orgasme : treize minutes.

Nos premières productions nous ont d'emblée enseigné mille choses. Première et heureuse surprise : sur la quarantaine de réalisatrices contactées, la quasi-totalité a embrassé le sujet avec le plus vif intérêt, comme si déjà l'idée sommeillait en elles, prête à se révéler. Comme si toutes ces femmes avaient intégré l'absolue nécessité qu'il y a à interroger ou raconter ces mystères que sont désir et plaisir féminins. Puis c'est la diversité des scénarios et approches qui nous a interpellées, comme si, à l'inverse des films pour hommes dont la trame est toujours similaire, les interrogations et sujets de prédilection des femmes étaient à l'image de leurs réactions face à la question de la sexualité, infiniment variés.

Avec elles, nous souhaitons répondre un jour à la question de ce que peut être la sexualité féminine. Notre ambition, qui participe encore et toujours de la lutte pour les émancipations, est l'avènement d'une autre écriture, qui nous est propre.

La metteur de scène de théâtre, Caroline Loeb, s'est penchée sur la masturbation féminine et le fantasme d'homosexualité, en faisant abstraction d'une structure trop narrative pour que domine l'esthétique de la caméra qui vient lécher la montée du désir. Lola Doillon s'est attachée à montrer que la pornographie pouvait aussi alimenter la libido des femmes (dans son scénario un jeune couple rentre d'un dîner, mais la femme ne souhaite que dormir jusqu'à ce que la vision de son partenaire en train de regarder un film porno la pousse à entrer dans la danse), mais la dichotomie du « vrai » couple dans l'urgence d'un vrai désir, avec la tendresse des sentiments, face au couple aseptisé et lisse du film porno qu'ils visionnent, place le film dans un univers résolument féminin : celui du concret, du réel, par opposition aux films pornos traditionnels qui restent dans le fantasme pur. Dans la même veine, Helena Noguerra reprend à sa manière les codes du porno pour mettre en scène les fantasmes d'une femme dans une cabine de peep-show, avec deux hommes pour elle toute seule. Mais, outre le fantasme, son écriture féminine, gaie et colorée (elle parle de pop-porn) la distingue du genre habituel. Laetitia Masson aborde la sodomie par le questionnement d'une femme qui veut devenir escort mais redoute cette pratique ; la réalisation contourne partiellement la commande de l'X-plicit film pour ne rester que sur le questionnement de la chose. Arielle Dombasle filme *Le Bijou indiscret* qui tourne autour du mystère du désir féminin, secret fixé dans l'enfance par la poupée et premier objet d'identification pour les petites filles.

Mélanie Laurent affiche son optimisme avec pour héros un homme qui se détourne d'une sexualité lubrique dans sa quête de l'être aimé, tandis que l'héroïne pose la question de la séduction et du narcissisme chez la femme.

Ces films oscillent et se rapprochent pour certains de l'érotisme, pour d'autres de la pornographie. Et c'est également ainsi qu'ils sont perçus : pour certaines femmes, ces films seront encore trop proches de la pornographie, pour d'autres au contraire, il n'y en aura pas assez. Pour d'autres encore, c'est une révélation. Mais si les commentaires sont aussi nombreux, c'est bien que la question est posée, et c'est le mérite épatant de ces femmes qui ont accepté presque aveuglément d'ouvrir la voie. Et c'est aussi là le reflet de la sexualité féminine ; à titre d'exemple, si nous pouvons avancer sans trop de risques d'erreurs que vraisemblablement 99 % des hommes aiment la fellation, des femmes et du cunnilingus on ne peut dire quelque chose d'aussi précis, certaines aiment passionnément, d'autres aimeraient aimer mais ne l'assument pas ou n'osent pas le demander, d'autres encore sont révoltées par l'idée, enfin certaines l'acceptent dans un jeu de séduction avec leur partenaire.

Le porno en devenir perpétuel

Cet enfant illégitime du cinéma se réinvente sans cesse, depuis son origine. Son renouvellement créatif ne saurait s'arrêter. Cessons de croire à une belle époque du porno, révolue depuis les années 70 (avec des films comme *Deep Throat* ou *Derrière la porte verte*). Il y a, comme pour l'ensemble des choses de ce monde, des évolutions constantes, et les femmes seront très certainement déterminantes dans ce devenir, dans les années qui viennent. Katrien Jacobs, chercheuse en médias numériques et sexualité, croit au futur du porno, en termes d'imagination, d'éducation, d'ouverture et de rassemblement :

> Le public se rassemble aujourd'hui autour du porno mais, à la différence du public des vieux cinés pornos d'autrefois, il est maintenant mixte, avec des hétéros et des gays, des hommes et des femmes, des artistes et des activistes ou simplement des curieux du sexe.

Le film adulte serait ainsi, à l'image de toutes ces identités et ces corps qui se cherchent, une dynamique plutôt qu'une fin en soi. Ce genre pourrait même devenir accessible et s'ouvrir sur une multiplicité des jouissances possibles et existantes, effaçant l'idée d'une dominante sexuelle. En matière de sexe, il n'y a pas de directions acceptables qui s'opposeraient à d'autres qui ne le seraient pas. De la même manière, toutes les créations, toutes les propositions qui émergent sont bienvenues, tant qu'elles restent dans le respect de l'autre. Bien qu'il faille encore un peu d'efforts et de perspicacité pour les rencontrer, elles sont là, elles arrivent.

Et le point de vue d'Erika Lust sur les legs est à méditer :

> Je souhaite qu'au moins une partie des films disponibles sur le marché soit représentative du point de vue féminin. Je souhaite que lorsque ma fille atteindra l'âge de regarder du porno, dans son envie naturelle de découvrir sa sexualité, je voudrais qu'elle trouve des films intelligents, féminins, cool et naturels sur le sexe. C'est tout !

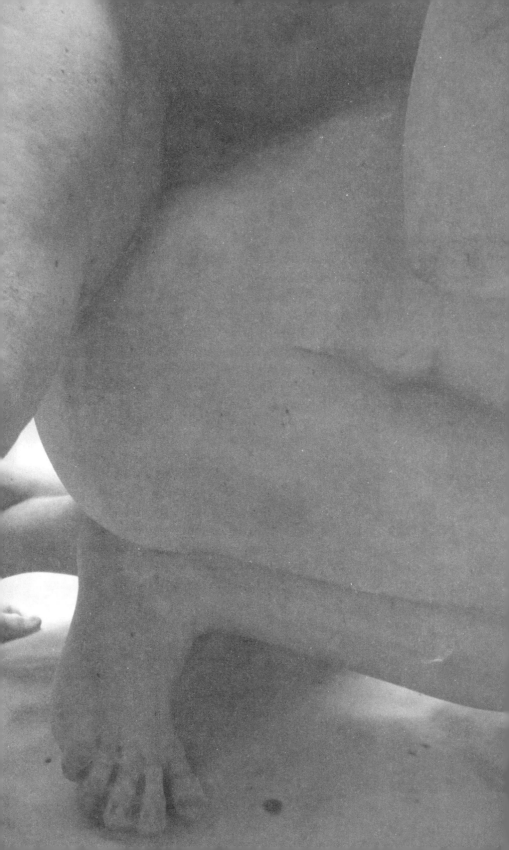

L'ORGASME, ON S'EN FOUT !

Il est très probable que les premières à éprouver l'impact de cette pornographie multiple et de l'hyper-sexualisation de la société sont les plus jeunes d'entre nous, nées avec ces repères-là comme éducateurs sexuels. La génération des 15-25 ans semble en effet échapper aux modèles et aux schémas que nous avons évoqués tout au long de ce livre. De leur langage à leur mode de vie, nous avons le sentiment qu'elles ont une sexualité plus libre, plus volontaire que leurs aînées. Elles en parlent à foison, souvent sans retenue, faisant du sexe un sujet de conversation comme un autre. Les hommes eux-mêmes en témoignent, ce qui n'est pas sans les effrayer un peu. S'ils sont plus âgés qu'elles, ils laissent entrevoir facilement une sorte d'angoisse de castration, tant le discours et les manières de ces nouvelles libertines « ouvertes et prêtes à tout » se calent sur ceux des hommes.

Notre point de vue ? Si nos cadettes s'épanouissent et progressent sur la voie de leur plaisir, tant mieux. Si leur légèreté et leur disponibilité afférentes sont, en revanche, dictées par des injonctions sociales, et que, comme dans les générations précédentes, le souci de l'apparence prend le pas sur l'épanouissement intérieur, alors c'est que tout n'est pas encore gagné. Avoir un vocabulaire cru et masculin, être une adepte de l'épilation intégrale, d'accord, mais il s'agit toujours d'une certaine théâtralité conforme aux codes en vigueur, d'une mise en scène de son image qui affiche des signes extérieurs de libération ; lorsque ces représentations sociales ne servent qu'à faire comme tout le monde, passer pour un « bon coup », attirer et marquer les hommes ou se trouver un géniteur, sommes-nous réellement plus avancées ? Si tel est le cas, il reste du chemin à parcourir pour passer de la mise en scène au réel, de la contenance au vécu.

Quoi qu'il en soit, dans les deux cas de figure, il y a un mieux : qu'elle soit réellement épanouie ou non, le simple fait que cette nouvelle génération de femmes puisse s'exprimer avec tant d'aise sur la sexualité marque un progrès majeur.

Comme le dit Jean-Jacques Rousseau, « pour connaître les hommes, il faut les voir agir. Dans le monde on les entend parler ; ils montrent leurs discours et cachent leurs actions ; mais dans l'histoire elles sont dévoilées, et on les juge sur les faits. Leurs propos mêmes aident à les apprécier ; car, en comparant ce qu'ils font à ce qu'ils disent, on voit à la fois ce qu'ils sont et ce qu'ils veulent paraître : plus ils se déguisent, mieux on les connaît ».

Nous passons l'essentiel de notre temps à observer les femmes qui nous entourent, nous les voyons agir. Et ce que nous entendons ou lisons d'elles, à travers sondages et médias, ne coïncide pas. Les parades sautent aux yeux. Les femmes qui nous entourent, qui nous ressemblent, ne sont pas retouchées, « photoshopées » comme dans les magazines. De la même manière, la proportion de celles qui vivent une sexualité sans entraves semble être, au final, moins importante que ce que les chiffres des enquêtes laissent paraître.

Le plus souvent, ce n'est pas parce que leur sexualité ne leur procure pas de plaisirs et de satisfactions, mais plus simplement parce qu'elles sont souvent dans la frustration d'une sexualité, d'un orgasme qui seraient meilleurs chez les autres, selon ce vieux principe que l'herbe est toujours plus verte ailleurs. Et de la frustration naît le déplaisir...

Ajoutez à cela quelques zestes d'injonctions diverses, et grandit alors une incapacité physique autant qu'intellectuelle : le lâcher prise. Si une petite voix nous chuchote « je dois faire ceci », « il faut que je sois comme cela », « mon partenaire attend ceci de moi ou doit me dire ça », nous nous forgeons des mandements d'une incompatibilité totale avec notre libido.

D'ailleurs, celle-ci n'a pas été vraiment épargnée au cours de l'histoire. Pas même par les pères de la psychanalyse, qui n'ont pas su ou voulu en faire grand cas. Entre Freud qui compare la sexualité féminine à un continent noir, dont le manque de phallus « est *douloureusement* ressenti », Lacan, pour qui la femme est en dehors de la loi universelle phallique, et Foucault, qui exclut les femmes de sa recherche sur la sexualité sauf dans le cadre institutionnel du mariage, on a le vif sentiment d'être un non-sujet qui n'aurait même pas son histoire propre.

Même la révolution sexuelle portée par le MLF, qui demeure un jalon fondamental, charrie avec elle son lot d'illusions.

> La plus grossière, nous dit Jacques André, psychanalyste et auteur de *La Sexualité féminine*, est de penser que la liberté dont les femmes jouissent aujourd'hui est l'aboutissement d'un processus historique continu depuis l'obscurantisme supposé des temps reculés jusqu'aux comportements éclairés des temps modernes... Une histoire de la vie sexuelle des femmes est bien difficile, voire impossible à établir avec certitude, mais certaines grandes lignes se dégagent, qui montrent, selon les âges et les cultures, des alternances entre émancipation (toujours relative) et répression, sans que l'une jamais ne l'emporte définitivement sur l'autre.

Peut-être plus qu'une alternance, c'est une coexistence de ces mouvements contraires à laquelle nous assistons actuellement : plus on théâtralise la représentation du sexe, plus on assiste en réaction à l'aliénation et à la radicalisation de certaines qui finissent par s'interdire toute sexualité ou par réprimer celle de leur entourage.

Notre sexualité est donc régie par une gouvernance sociale qui nous situe soit dans un camp, soit dans l'autre, entre un « trop » ou un « pas assez » sans concession. Pour cette même raison, il nous semble indu d'avoir à nous situer dans l'unique alternative proposée : seuls les extravertis d'une part et les introvertis de l'autre sont dignes d'intérêt, tandis que notre réalité, dont on peut difficilement faire un spectacle à moindres frais, passe à la trappe. Une mise sous silence qui nous censure et nous exclut du groupe (quoi qu'on en dise, l'instinct tribal reste fort en nous), et qui a tôt fait d'engendrer une forme de frustration, que nous compensons de diverses manières. Mais à en croire ce que nous observons, la pression est si forte que nous en oublions jusqu'à notre libre arbitre pour faire table rase des idées reçues. Notre jugement d'emblée biaisé, notre sexualité fera toujours bien pâle figure à côté de celle de notre voisine. Sauf qu'il ne tient qu'à nous de fabriquer l'histoire de notre sexualité, de changer la donne et de congédier la fatalité.

Jamais mieux servies que par nous-mêmes

Dian Hanson n'est sans doute pas représentative de toutes les femmes. Mais pour avoir consacré sa vie et sa carrière à la sexualité, elle ne s'encombre plus de faux-semblants et porte un regard résolument clairvoyant sur notre situation. Elle estime tout d'abord que ce n'est pas à l'homme de nous faire jouir, c'est à nous.

Cette simple remarque fait l'effet d'une petite bombe qui chamboule nos conceptions et, surtout, notre éducation. De fait, ce n'est pas avec cette idée que la plupart d'entre nous ont grandi, mais plutôt avec des modèles traditionnels issus des contes de fées, qui véhiculent un certain nombre de nos attentes. Dans *La Belle au bois dormant*, c'est le prince charmant qui redonne la vie à la jeune fille en lui donnant un baiser. En l'embrassant, il la fait femme, dans tous les sens du terme. Dans *Cendrillon,* l'héroïne est aussi une fille exclue, sans relief et sans vie, avant de trouver sa place dans la société grâce au prince. C'est encore un prince qui libère Raiponce enfermée dans sa tour, en suivant le même chemin que celui de la sorcière : en grimpant sur les très longues tresses de l'héroïne. Selon Bruno Bettelheim (in *Psychanalyses des contes de fées*), « c'est ainsi qu'est symbolisé le transfert des relations établies avec les parents aux relations avec l'amant ». Les films de Walt Disney, en se réappropriant la trame et l'efficacité symbolique de ces contes, n'ont pas manqué de caricaturer cet idéal masculin selon lequel une femme ne saurait être sans l'intervention chevaleresque de l'homme.

Sous couvert de parodier les contes et de renverser la tendance, le récent *Shrek* ne fait pas mieux : certes, le sauveur n'est pas un beau prince, et la princesse se transforme en ogresse mais, au fond, c'est encore une fois l'homme qui révèle la femme à sa vraie nature, à ses désirs et à son identité ! Nous ne remettons pas en cause la forte imprégnation symbolique du conte de fées et ses valeurs de catharsis pour l'enfant. Nous pointons simplement du doigt l'aspect passéiste et sclérosant de ces modèles dont nous nous défaisons avec peine.

Nous partageons bien sûr avec enthousiasme la nécessité de référents, de miroirs sur lesquels se construire et nous reconnaissons le rôle des hommes dans les rapports qui nous unissent (et nous désunissent). Il n'en reste pas moins que nous avons souvent grandi avec l'idée enfouie quelque part dans notre inconscient du prince charmant sur son cheval blanc, venant pour nous sauver ; plus qu'une idée, un fantasme renvoyant à l'idéal d'un homme protecteur, libérateur, sans qui nous ne serions que des êtres fragiles et inconsistants, sans autonomie possible.

Dans la réalité, il nous arrive encore de réagir selon cet archétype imaginaire et réducteur : fuyant les « mauvais coups », nous recherchons la perle rare, cet homme unique qui nous fera découvrir des horizons nouveaux, inconnus. Aujourd'hui, si nous nous autorisons à changer plusieurs fois de chevaliers, nous poursuivons cependant toujours cet ancestral idéal qui nous révélera à nous-mêmes, sous-entendu qui nous ouvrira la porte vers notre plaisir.

Or, la langue française dit pourtant bien *prendre* du plaisir. C'est effectivement parce qu'il ne vient pas tout seul. Pas plus qu'il n'y a de « bon » ou de « mauvais » coup : il n'y a pas de miracles à attendre. *Prendre* ou *donner* sont deux verbes actifs, qui nous invitent à oublier la passivité pour agir, même si c'est au final pour décider de ne pas prendre ou de ne pas donner. Une fois encore, une véritable équité se vérifie dans le désir comme dans le non-désir. Dian Hanson confiait à Agnès Giard (secondsexe.com) :

Depuis que je travaille chez Taschen, je suis entourée de jeunes femmes avec qui je peux enfin parler. Mais ma vision de la sexualité diffère sensiblement de la leur et j'ai parfois du mal à les comprendre. Beaucoup d'entre elles, par exemple, disent qu'elles désirent un bouquet de fleurs, de la belle musique, une promenade romantique au bord de la mer et affirment que les hommes ne pensent qu'au sexe. Elles se trompent. Les hommes sont beaucoup plus romantiques qu'on ne croit : ils estiment simplement que la meilleure manière de prouver leur amour c'est de procurer un orgasme à une femme [...]. Hélas pour elles, la plupart des femmes attendent des mots doux et des signes non sexuels d'affection, ce qu'elles appellent « du respect ». Mais les hommes expriment leur amour dans l'action et cela ne fait pas d'eux des brutes irrespectueuses, au contraire. Je les trouve souvent bien plus fragiles que les femmes, plus vulnérables, surtout quand ils sont jeunes. Les femmes devraient arrêter de les maltraiter quand ils expriment leur désir, car la sexualité n'est pas quelque chose de non romantique. Quand elles sont jeunes, elles sont extrêmement courtisées et cela fait d'elles des enfants gâtées : au lieu de s'intéresser aux hommes, elles les repoussent et disent : « Oh, ils ne veulent que du sexe » d'un ton dégoûté. Puis, l'âge venant, elles s'aperçoivent que de moins en moins d'hommes s'intéressent à elles et brusquement se mettent à vouloir les retenir, les séduire. Ou alors, elles deviennent amères et concluent : « Oh, ces cochons préfèrent les petites jeunes. » Ces femmes-là ignorent que les hommes seraient à leurs pieds si elles faisaient l'effort de plaire. Vouloir plaire, c'est s'intéresser à l'autre.

C'est vrai que les femmes aiment bien parler avec moi de sexualité car cela les aide à admettre qu'il faut aimer son corps comme un magnifique outil de plaisir. De nos jours, cette idée ne choque plus autant les mœurs qu'avant. Mais beaucoup de jeunes femmes sont conservatrices et ont du mal à croire que le monde puisse être différent de celui qu'on leur a enseigné. Elles ont appris qu'il fallait trouver un mari avec de l'argent ou un compagnon qui pourrait les protéger. Quand elles sont jeunes, au lieu d'explorer la sexualité, de profiter de leur corps et de goûter à la vie, elles sont obsédées par l'idée de trouver un petit copain. Les jeunes femmes font statistiquement plus souvent l'amour que les femmes plus âgées, mais elles semblent plus préoccupées par l'idée de se « fixer » que par celle de se découvrir et de découvrir l'autre... À 30-35 ans, elles se réveillent et prennent conscience qu'elles devraient peut-être apprendre à faire l'amour. L'orgasme ne tombe pas du ciel. Il faut y mettre du sien, il faut avoir du désir et savoir se caresser. Une femme doit savoir se masturber par exemple. D'abord, parce que c'est très bon. Ensuite, parce qu'il n'y a rien de plus excitant pour un homme... Laissez-moi vous raconter une histoire. Vers l'âge de 50 ans, ma mère m'a un jour avoué qu'elle n'avait jamais eu d'orgasme. Je lui ai offert un vibromasseur et, surmontant sa gêne, elle s'est alors procuré le premier orgasme de sa vie. Jusqu'ici, ma mère pensait que c'est à l'homme de faire jouir une femme, que c'est sa responsabilité et son devoir. Il est extrêmement dangereux pour le couple de faire peser un tel poids sur son conjoint. L'amour, ça se fait à deux. Ça demande de l'énergie, de la disponibilité, de l'envie et de la passion.

Si Dian Hanson a pu offrir un sex-toy à sa mère, c'est parce que dans sa famille le sexe s'exprimait librement.

J'ai grandi dans une famille d'obsédés du cul. Mon père était le chef d'une société philosophique qui prônait certaines pratiques sexuelles pour atteindre l'illumination spirituelle. Je n'en faisais pas partie, je ne pourrais donc pas vous dire quelles étaient ces techniques si particulières. Mon père, très charismatique, avait de nombreuses admiratrices. Ma mère, jalouse, rivalisait de tenues et d'attitudes osées avec ses concurrentes. Chez nous, il y avait plein de livres sur le sexe et de revues pornographiques, soigneusement dissimulés, mais avec mon frère je m'amusais à dénicher leurs cachettes.

Et effectivement, à force d'observer les femmes autour de nous, nous avons constaté que pour l'essentiel, celles qui sont épanouies dans leur sexualité sont le plus souvent celles dont la famille, et en particulier la mère (qu'elle ait ou non connu l'orgasme), n'a pas assimilé la sexualité à la répression, mais a au contraire transmis l'idée qu'elle est dans la nature des choses, une nature bien faite et réjouissante. Mais on n'inculque pas les préceptes d'une sexualité épanouie comme on le fait avec les bonnes manières ou les règles de politesse ! C'est en général plus discret, plus subtil. Certaines mères irradient et communiquent instinctivement leur épanouissement, certaines savent répondre aux interrogations de leur enfant, d'autres encore lui apprennent à faire ses choix librement... Peu importent les mots et la méthode, pourvu que soient transmis un appétit et une curiosité gourmands, qui ne vont pas sans une solide confiance en soi et un rapport harmonieux avec son corps. Enfin, dans la mouvance de l'énergie libératrice de 68, certaines mères ont aussi fait comprendre à leur fille que l'indépendance sexuelle et l'autonomie économique vont de pair.

En un mot, pour construire notre propre plaisir, il faut d'abord écouter notre envie. Or, notre plaisir est souvent dans le désir de l'autre. À cela, deux explications.

Notre désir n'est pas celui de l'autre

Soit nous sommes exclusivement dans un rapport de séduction et, une fois notre cible sous notre charme, nous voilà rassasiées. Combien de fois nous sommes-nous laissées aller à ces parades, où finalement nous ne cherchons qu'à séduire, et laissons là notre proie, échauffée mais frustrée ? Soit nous sommes encore tellement contraintes dans un rapport économique que nous nous plions à des pratiques dans le seul but de plaire, de faire plaisir ou de se soumettre : l'INED a publié dans les années 90 un rapport dans lequel il est fait état que, par exemple, les femmes qui pratiquent la fellation ne sont que 24 % à le faire par plaisir ! En 2008, selon l'étude INSERM, seules 13,6 % des femmes qui déclarent pratiquer la fellation le font uniquement pour faire plaisir à leur partenaire sans en avoir envie elles-mêmes. Même si les chiffres évoluent rapidement et positivement, il est certain que beaucoup d'entre nous, sans même oser se l'avouer, ont encore une sexualité guidée par l'obsession de séduire en faisant plaisir à leur partenaire. Prenons l'exemple de la sodomie (une question dominante, qui nous est inlassablement posée) ou des rapports à trois et plus : bien souvent encore, les femmes ne se prêtent à ces pratiques qu'à la demande expresse de leur partenaire, quitte à y prendre du plaisir plus tard mais rarement de leur propre initiative.

La voix de la nature ?

Que nous décidions ou non de le faire, nous sommes conçues pour procréer ; avant notre accès à l'autonomie économique, nous avions la nécessité absolue de rechercher un mâle protecteur, capable de subvenir à nos besoins et à ceux de notre progéniture. Sur certains points, nous n'avons pas tellement changé : dans le rapport hétérosexuel, nous voulons souvent un homme qui rassure, qui réconforte et qui concrétise l'amour qu'il nous porte par un acte matériel. Bouquet de fleurs, dîner au restaurant, bijou, peu importe l'objet pourvu qu'il incarne le sentiment. Cet atavisme n'est pourtant rien de moins qu'un fardeau que nous traînons par habitude. Un homme qui aime est un homme qui le prouve en donnant du plaisir à sa partenaire, en manifestant son désir et en renouvelant ses invites au partage physique. Rien ne situe davantage le rapport amoureux que l'acte d'amour. Et rien n'est plus énergisant, dynamisant, épanouissant pour une femme que le plaisir qu'elle éprouve en le partageant avec l'autre (quel que soit le sexe de l'autre, et qu'il y ait ou non orgasme). Dans une époque où nous cherchons si justement à conquérir encore et toujours notre totale indépendance, il est nécessaire de reconnaître que, par réflexe, il nous arrive de vouloir conjointement (et paradoxalement) le pouvoir et les fruits de la soumission.

C'est sans doute cette quête qui animait le peintre futuriste Valentine de Saint-Point dès 1913, demandant :

> [...] qu'on cesse de bafouer le désir, cette attirance à la fois subtile et brutale de deux chairs quel que soit leur sexe, de deux chairs qui se veulent tendant vers l'unité. Qu'on cesse de bafouer le Désir en le déguisant sous la défroque lamentable et pitoyable des vieilles et stériles sentimentalités, les jalousies artificielles, les mots qui grisent et trompent, le pathétique des séparations et

des fidélités éternelles, les nostalgies littéraires : tout le cabotinage de l'amour (*Manifeste futuriste de la luxure*).

Jouir, c'est tout

Ce dilemme de la sexualité féminine est autrement vaincu par Simone de Beauvoir, qui nous invite à « être une proie spontanément offerte : l'intellectuelle sait qu'elle s'offre. Elle sait qu'elle est une conscience, un sujet ; on ne réussit pas à volonté à tuer son regard et à changer ses yeux en une flaque de ciel ou d'eau ; on n'arrête pas à coup sûr l'élan d'un corps qui se tend vers le monde pour le métamorphoser en une statue animée de sourdes vibrations » (*Le Deuxième Sexe*).

En disant enfin « la femme ne peut donc prendre qu'en se faisant proie », bien loin d'encourager la soumission mais plutôt l'échange et le partage, Beauvoir avait ouvert la voie à cette égalité dans la différence à laquelle nous aspirons.

Pour autant, nous ne revendiquons aucune révolution, nous ne croyons pas que la parité sexuelle nous engage à prendre le fonctionnement de l'homme et à se l'approprier, nous préférons au contraire utiliser notre nature de femme (distinction qui peut se limiter à l'anatomie !) et en jouir, dans tous les sens du terme, dans toutes les occasions de la vie.

Les formes que prendra cette sexualité qui nous anime n'ont pas de contour précis, pas de limites, elle ne va pas nécessairement se métamorphoser du jour au lendemain ; mais désormais elle peut dépendre de nous et de nos sensations, de la douce volupté à l'extase volcanique. Aller chercher soi-même son plaisir risque fort de nous inviter très littéralement à être « bien dans notre peau », de mieux nous faire comprendre et apprécier l'usage de tous les « outils » à notre disposition pour nourrir et alimenter nos envies : qu'il s'agisse de sex-toys, de littérature érotique, de films pornographiques ou de n'importe quelle représentation de la sexualité capable d'exciter notre appétence. Soyons à même d'accéder à leur invitation ou de la décliner. Mais une chose est sûre : plus nous nous sentirons en symbiose avec notre sexualité, mieux nous la vivrons. Et partons de l'adage que plus on fait l'amour, plus on en a envie et plus on jouit... plus on jouit !

Mais en aucun cas cela n'implique des normes. L'essentiel demeure niché dans des petits riens qui font l'essentiel de la sexualité : le plaisir que l'on ressent au contact de la peau de l'autre, son goût, son odeur, les échanges de mots et de caresses, les sourires chargés de sens... Rien ne sous-entend là une obligation à jouir, et encore moins au quotidien.

Dans notre société de plus en plus individualiste, notre narcissisme exacerbé rencontre aussi notre isolement. Seulement, cette forme d'autolâtrie est incompatible avec l'ouverture à l'autre, bien que nous ayons tous envie, de manière plus ou moins avouée, du rapport à l'autre. Il faut trouver un juste équilibre entre le désir du mâle (qui a été trop longtemps prédominant, mais qu'il ne faudrait pas non plus abolir) et le nôtre, trop souvent étouffé, comme un yin et un yang harmonieusement associés.

Je décide donc je suis

En d'autres termes, il est temps pour nous de prendre conscience de nos priorités, mais aussi de leur ordre variable : carrière, enfants, sphère sociale et vie privée sont successivement plus ou moins prépondérants dans nos vies, qui évoluent au gré de nos humeurs, de nos amours ou de nos impératifs.

Tout ce qui importe, c'est l'action consentie et choisie par son libre arbitre. Que nous ayons envie de faire l'amour ou non, comme ceci ou comme cela, d'avoir ou non des sex-toys au fond de nos tiroirs, de porter jupe ou pantalon, d'être fidèles ou libertines... Tout est possible, la règle n'existe pas, à condition de décider par soi et pour soi, en connaissance de cause, de savoir pourquoi on fait ou on ne fait pas telle chose, à condition en somme d'être une femme libre. En théorie, rien de plus simple. En réalité, c'est peut-être l'une des choses les plus difficiles à mettre en pratique.

Car pour être libre, il faut avoir pleinement confiance en soi. Être capable de ne plus douter tout le temps et de tout, de ses idées, de son corps, de son rapport à l'autre. L'auteure israélienne Alona Kimhi est passée maître dans l'art de décrire ces petits riens qui empoisonnent les relations. Dans *Suzanne la pleureuse* (Gallimard, 2001), elle décrit avec humour et pétulance le moment où un homme vient pour la première fois s'installer chez son héroïne. Aller aux toilettes, faire sécher son linge intime dans sa salle de bains, lui est devenu impossible, par crainte du jugement de cet homme et des répercussions désastreuses que ces contingences quotidiennes pourraient avoir sur son image. À force d'inquiétude, son univers se referme sur elle, la paralyse. Or, il nous arrive de ressembler nous aussi à ce personnage de roman : tapies dans la chaleur de notre cocon, nous entretenons ce réconfortant – et régressif – sentiment de sécurité qui nous empêche parfois d'agir, et qui ne fait pas toujours affaire avec notre libre arbitre. Nous étriquons notre horizon à vouloir le formater à l'aune des normes sociales, aiguillées par la peur de ne pas être à la hauteur de cette légende urbaine déguisée en femme parfaite, éternellement jeune, mince, dynamique et souriante. Nous, les « femmes convenables » qui, menant deux, trois voire quatre vies diurnes, délaissons souvent la vie nocturne, nous qui observons, impuissantes, l'espoir de cette perfection se réduire comme peau de chagrin à chaque nouvelle ridule, contrariété ou à chaque kilo.

L'abandon

Jusqu'à ce que, nos vieux jours survenant, n'ayant plus rien à prouver à personne, nous nous surprenions à nous abandonner enfin à notre bon plaisir. Pâtisseries, bons restaurants, cigarettes et grasses matinées, tous les délices s'ouvrent à nous. Mais pourquoi attendre pour faire ce qui nous fait plaisir maintenant ? Pourquoi s'emprisonner dans des contretemps factices qui nous tarissent ?

Allons donc vers ce qui *nous convient* et pas vers ce qu'*il convient* de faire, de penser ou de dire. Revoyons nos priorités. Libérons nos envies.

Catherine Blanc, psychanalyste et sexologue, pense précisément que :

[...] le désir est la prise de conscience d'un élan ; le plaisir, la satisfaction de cet élan ; la jouissance, la satisfaction que l'on goûte pleinement ; l'orgasme, le plus haut point du plaisir. Un crescendo qu'on ne s'accorde qu'après avoir vaincu l'indifférence, la peur, la répulsion, la douleur, la peine, la tristesse, l'ennui. Un crescendo qui s'achève sur un délicieux soupir. La sexualité est un rire. Contrairement à l'idée répandue qu'il suffirait d'actionner un mécanisme, accéder à l'orgasme n'est pas chose facile. Nos inhibitions, nos peurs demeurent. Car le sexe – la plus essentielle des pulsions de vie – concentre toutes les craintes animales et symboliques.

Cette peur, ennemie de notre liberté, destructrice de notre confiance, entrave le chemin qui nous conduit au lâcher-prise et au plaisir.

Et si ?

Et si nous ne savions pas vraiment ce que « jouir » veut dire, et si nous étions plus clitoridiennes que vaginales, et si notre voisine avait plus d'orgasmes que nous, et si elle était un meilleur coup, et si demain l'envie nous passait, et si notre partenaire ne nous trouvait plus désirable ? Et si nous cessions de nous poser autant de questions inutiles ? Comme dans tous les autres domaines, il y aura toujours mieux ailleurs : la voisine aura plus de robes, de bijoux, plus de pouvoir dans son travail, plus d'amants, plus de joies et de bonheurs. Tout ça n'est qu'illusions et chimères, qu'image cristallisée. Qui nous dit ce que l'autre vit vraiment derrière ces fugaces apparences ? Une fois que la voisine a refermé la porte de son appartement, elle seule sait ce qui s'y passe.

Et si nous nous posions les bonnes questions ? Et si nous goûtions pleinement ce mets unique pour deux bouches, cette crise de fou rire, ce long discours qui circule le long de ces doigts entrelacés ? Et si parfois ces prémices de tendresse nous suffisaient ? Et si respirer le parfum secret d'une peau aimée, l'effleurer, sentir ses poils se hérisser de plaisir, embrasser une bouche offerte et palpitante comblaient nos envies ? Et si accueillir en retour de doux baisers qui, du poignet au creux de l'épaule, inondent le corps de chaleur, sentir des mains parcourir notre corps, l'animer, le faire frémir de désir, multiplier nos perceptions, nous enchantaient tout à fait ? Une bouche explore, descend, lèche, fait trémuler le plus intime de l'autre dont la bouche s'anime à son tour, dans un jeu de volupté sans cesse renouvelé à l'écoute des corps ; la rencontre ultime arrive, pénétration de l'un en l'autre avec son cortège de douceurs nécessaires et de violences subtiles, et les corps impudiques dansent, livrés à une extraordinaire, exquise, exaltante cérémonie ; mais alors que l'autre dans un dernier râle matérialise sa jouissance, point de traces de l'extase féminine : la danse du plaisir ne s'achève pas par cette révérence démonstrative, par ces spasmes ou autres surgissements attendus au détour de l'orgasme... Et alors ?

Table

RÉALISATION : NORD COMPO À VILLENEUVE-D'ASCQ
IMPRESSION : NORMANDIE ROTO IMPRESSION S.A.S. À LONRAI
DÉPÔT LÉGAL : FÉVRIER 2009. N° 122 (08-4364)
IMPRIMÉ EN FRANCE